850+ 則讓您每天有『絕對安全感』的定律

多一分小心
多一份安心

周紹賢　著

【太魯閣自強號事件啟示錄】

您對生命安全／生活快樂的真諦，究竟有幾成了解？是 30%？是 70%？或 100%；一個自信滿滿的答案？

2021 年 4 月 2 日一個風和日麗早晨，一班太魯閣自強號在隧道前方意外撞上了山坡上滑落工程車，整個情形類似陸地上鐵達尼號豪華遊輪撞上冰山版本重演。事件發生後，死傷不計其數，很多家庭也跟著破碎。慘重悲劇也震驚全球，各國都對此意外事件給予國內極大關注。

此不幸重大事件發生後，不禁令我們想起，你我的生命安全是要誰來把關呢？

　　其實生活就像一個大空間，裡頭儲存了若干長 X、若干寬 X、若干高 X 的立體空間。你可以在空間長度上，拼命著墨。你更可以在寬度、高度上，盡情揮灑，盡情享受一個彩色繽紛、有尊嚴的生活。然而生活在台灣的你、我，縱然身處一個飽物（物質非常豐富）美麗島嶼上，但是生命尊嚴卻可能隨時褪色，幾乎 24 小時都可能被侵犯殆盡。固然新冠狀病毒可怕、登革熱無情，但這些可怕疾病大都可以靠事前多洗手戴口罩、多消除病蚊孳生源，獲得改善。

　　暴力犯罪的侵害情形亦復如此，只要你我能多注意事前防範，就能徹底將它們阻絕於家門、辦公室之外，將一件強力防護網，牢牢罩住全家寶貴的生命。雖然台鐵跟北捷暴徒攻擊事件落幕；不過，誰都無法預知未來類似事件，什麼時候會再上演？會再傷及無辜？

　　面對這一個空間日益萎縮，色彩日益晦暗不安的時代，每一個人除了積極培養防範暴力功夫外，似乎再也沒有更好法子了。讓每位國民得以盡情在寬敞、繽紛的生活空間裡揮灑、逍遙過日，24 小時都能享有生活尊嚴，實為作者撰書最終心願。願天下太平。願現在起你我都享有逍遙、快樂時光，不須再終日提心吊膽過活了。

前言

　　近年來，國際間犯罪事件層出不窮，且犯罪手法與種類更是逐日翻新，使得各國警察人員疲於拼命，仍無法遏止犯罪人數的增加，尤其，犯罪者年齡有逐漸下降的趨勢，更是令人擔憂。社會治安如此惡化，除了依靠警方消弭犯罪外，人人都要學會保護自己與家人的安全，勿成為歹徒下一個覬覦的對象。

　　因此，在隨時都極可能遭受生命安全威脅的現今社會裡，如何增強您的安全防禦智商，將危險的傷害降到最低點，甚至到零，就是一大學問了。

　　如何防禦犯罪產生？首先，要減低導致犯罪的誘因。無論在國內或國外時，切忌珠光寶氣、或者曝露身上巨額的現金等，平時更要避免炫耀家中的財富，免於歹徒因忌妒、貪心等而心起邪念。其次，隨時留意可能犯罪的死角。譬如，光線微弱的停車場或安全梯、頂樓等，或較少人群走過之處，因此，盡可能獨自一人走進黑暗的街道（尤其單身女子）。並且出門前或入門後，都應檢查門戶是否

安全？不讓宵小有機可趁。部分歹徒，會針對弱勢族群作攻擊，例如女子、幼童、老年人等，因此上述族群更需要加強防禦宵小的侵害，尤其是孩童，不懂得自我保護，更需要父母悉心照料。俗話說：「防人之心不可無，害人之心不可有」，不肖分子始終神出鬼沒，虎視耽耽您的家人和財產，威脅家的安全。

面臨如此一個罪犯猖獗、治安令人擔憂的時代裡，為了呵護您甜蜜的「家」和您一家大小的「生存尊嚴」，不妨從最基本的防範措施做起吧！

特輯

　　有鑒於此回太魯閣自強號列車，撞擊滑落橫躺在軌道上工程車造成慘重傷亡事件，本書特別增列火車軌道安全守則，當民眾護身符，希望你我都能永保安康：

① 軌道如虎口

　　看似無限伸展視野火車軌道，應該安全吧！其實不然，若干喜歡漫步輕踏軌道上拍照打卡者，很容易顧此失彼結果，遭車吻；輕者傷，重者亡。特別是喜歡拍攝 Tiktok，更應注意觸犯鐵路法第 57 條規範受罰。

② 欄柵鬼門關

　　一般車輛行經平交道時，多半不會注意附近一些工程指示牌，如道路封閉或前方施工中等警示語，或聽了平交道警鈴響很久不見火車，就闖越平交道，這無異向死神挑戰。

③ 軌道橋致命

特別是在一些軌道橋梁路段，往往會有鐵道迷或旅人喜歡冒險穿越，其實這樣行為形同自殺，因為火車何時會出現眼前，你不會知道。

④ 車卡平交道

萬一卡在平交道上，首先你必須趕緊設法將自己車子移開軌道，如果發現動不了，趕緊報案，手機直撥 0800-800-333；而不是打 119 或 110 請求支援，要記住，疾行中的列車要緊急煞車處理的話，最少要有 1600 公尺距離才夠安全。(以時速 80 km/hr 行駛計算) 是 1600 公尺，不是 16 公尺噢！

⑤ 不要逞英雄

好萊塢電影中常會出現帥氣男主角為了緝凶，演出跳車追逐歹徒畫面，那是電影特效，千萬別仿效；不然會讓你災情慘重。

⑥ 刷卡多保障

有鑑於無常往往比明天還早臨到，為保險之計，以刷卡方式購票，一來證據容易保存完整，二來，無論受傷輕重，也會獲得發卡公司出險理賠。

⑦ 車廂間危險

列車車廂跟車廂間連結處，是最危險地帶，停留期間，無異向死神宣戰。

⑧ 拍照最忌諱

列車行進中切勿拿著相機靠著門邊拍車外景色，萬一車身晃動厲害時，可能相機或手機會掉落車外，也可能連人帶機，掉落軌道旁。

⑨ 不吃別人食

車上形形色色人都有，要是旁邊有人釋出善意請你喝或小點心，千萬不要接受，萬一食物當中放入迷魂藥物，你可能會著了道，造成人財兩失的後果。

⑩ 財絕不露白

在車廂中不要拿出錢包或信用卡，萬一歹徒臨時起意下毒手，你容易成為受害者。

⑪ 抓緊你包包

即使只是打個盹，也必須牢牢將包包纏繞在雙手，抱在胸前，讓歹徒死了那條心。

⑫ 手機暫停用

除非你有要緊事須聯絡，否則在列車行進中最好不要使用。如果持續觀賞影片或一直玩遊戲，萬一列車發生緊急事故，你會來不及在第一時間做出對應。

⑬ 如廁像打戰

進入廁所時，先用噴菌液對著龍頭跟馬桶座噴，如廁完也必須將雙手交互噴，防止病菌感染。

⑭ 司機有極限

不要認為自己在軌道上嬉戲拍照，火車司機從遠方就一定看得到你，會做出應有的鳴笛示警；所以你大可放心拼命拍照遊戲。特別在天候欠佳時，列車司機不一定能看見你位置。

CONTENTS

CHAPTER 1

· 第一章 ·

旅遊防禦

　　如果希望在旅程中，譜出快樂浪漫的樂章，那麼，您必須事先規畫好每一個行進過程的音符。

　　馬克吐溫（Mark Twain 1835～1910）這位知名作家對「旅遊」別有不同的感受，他曾說：「論起旅遊經驗，恐怕別人都比不上我，為什麼我如此大膽下定論呢？」「因為啊，在旅行當中，即使是美麗的天使與我交談，她們的英文發音方式和說話腔調，我全都看在眼裡。」的確，名人即使在旅遊時，一樣善於用心觀察體會周遭事物，並轉化為寫作題材，讓讀者分享他的旅遊經驗。

　　自政府實施週休二日、連續多日休假後，許多旅遊相關行業，似乎都被注入活水。您可以安心享受多日連續假期之樂嗎？出門遠遊時，旅遊安全要如何做到滴水不漏呢？

① 出發

- 將大門口所張貼的自助式計表撕下。通常自來水公司或電力公司、瓦斯公司會定期將每個月的度數空白填單，貼到您家門口，待您填妥後再過來登錄。如果出門前您未撕下，宵小很容易從這上頭判斷出您府上是否唱空城計。

- 請送報生或雜誌社或羊奶公司暫停送到家、或將報紙寄放於鄰居、管理員處。若任由報紙塞滿信箱，歹徒極易查覺您家中無人，而到府上大肆搜括。郵件的處理方式亦然。

- 請左鄰右舍留意，是否有可疑人物徘徊、闖空門等。當然囉，請託鄰人協助，回來後最好送些禮物感謝對方。若抱著「少施多受」的心態，久而久之，將很難再得到別人的幫助。

- 準備一個定時器，連接上家中的電視、音響、電燈等。將其設定在下午五點後，客廳的燈能自動亮起來，電視影像及音樂自動播放，容易給外人一種不可恣意冒犯的印象。

- 同樣的，在院子或頂樓處，定時讓灑水設備動起來，製造另一種安全效果。

- 出門前，除了讓定時器定時運轉外，為防止「短路」發生，記得將所有不需要用到的插頭拔掉，免於用電過量而走火。

- 找保全器材販賣公司，幫您府上按裝監視系統，作 24 小時全天候監視記錄。其實目前，許多高級社區大樓皆已安裝保全監視器的裝置。

- 在出發前幾天晚上，到屋外巡視一圈，注意屋內哪個角落易曝光，再將此死角的缺點修飾補強。
- 如果您住的是社區大樓，不妨在行前對管理員作個公關，送他小禮物，請他「特別」留意您房子的一切。
- 如果您遠遊要一、兩個禮拜後才返家，不妨先到附近派出所「照會」一下。其實，警察都滿樂意效勞的。
- 為遮掩歹徒耳目，不妨商請鄰居，將車子暫時停放在您家入口處。
- 出門前，記得將重要物品存放在自宅保險箱中，或暫存放銀行保險箱。若現金過多，最好立刻存入銀行，避免意外損失。
- 不要將旅遊計畫的「路線圖」、「時間表」遺忘在家中，或 po 上社群。避免為歹徒所乘。
- 出門前不要散播您要旅行的訊息。所謂「言多必失」，許多搶盜案件都是因此發生的。
- 如果您要加強安全防護，不妨額外補貼金額，請所屬的保全公司加派保全人員，「專程」到您府上查巡。
- 出門前再確定大小門窗、車庫大門是否安全鎖上。
- 愛車同時上好排檔鎖及方向盤鎖。
- 如果行前已委託人到府維修電器，記得延後維修日期，否則容易讓對方「臨時起意」，尤其在二度登門修理撲空之後。
- 身上不必帶著大筆現金，更避免掏錢時皮夾總是鼓鼓地，易教歹徒見財起意。
- 避免帶著一大堆沉重行李，當地人一看即知您是觀光客，易遭扒

竊。行囊盡量簡單，才不會遭人眼紅。

- 如果屬自助旅行，最好準備兩份以上不同路線，行程更應仔細規畫，避免走錯行程。

- 如果是開車旅遊，出發前請注意「三油」（機油、汽油、煞車油）、「三水」（水箱水、雨刷水、電池水）的補充做為預備之用。並準備行動電話，留意電池充電情況，倘途中遇搶、被敲竹槓等狀況，可撥「110」尋求救援。

- 如果大人遠行，小孩在家，交代小孩，陌生人按鈴不要任意開門，並教他們回答「我爸爸快回來了」，而避免說「我爸媽去玩十幾天，等他們回來你再找他們…」這樣不當的話語。

- 當按鈴者大呼「陳 XX 掛號信」時，請家中小孩留意是不是平常的郵差，如果不是，不要開門，以免引狼入室。並教他們回答：「對不起，他的印章掉了，我們刻好後，自己去郵局取件。」不管對方如何出招，只要小孩重覆這句話可暫時解圍。

- 如果大人出遊，小孩獨留家中，不妨將「110」、「119」、附近派出所及鄰居好友等電話，寫在小孩易拿到或醒目的位置，以利他們在「非常時候」能適時尋求救援。

- 「報案類」、「求救類」電話，最好以簡速撥號（Quick dial）設定，就是將上述的電話設定為個位碼或雙位碼的方式儲存。一旦突發緊急狀況，按「代碼」即可。（如 1 為 110、2 為 119、3 為好友雯雯…etc），以免在方寸大亂之際，拖延時間而誤了大事。

- 先將自己護照拷貝兩份，萬一護照遭竊，才有辦法到當地台灣領事館求助。好友電話務必攜帶，萬一身體出狀況，還可打電話問醫師如何自力救濟，或遭打劫，可連絡好友請求支援。

② 旅途

- 錢不露白。大把花花綠綠的鈔票，不要在公共場合曝光。數年前大陸千島湖事件，即是台灣觀光客因炫耀有錢身份，遭當地人搶劫一空，並燒毀船隻，殺害許多人的性命。
- 少碰美麗的女人。異地美女雖然賞心悅目，不過，通常都有護花使者陪伴在側，要是您率性地追求，或想一親芳澤，很可能惹來橫禍。
- 到國外 KTV 等娛樂中心，切忌大聲喧囂或粗魯搶奪麥克風，易遭外國人鄙視，此舉若在國內，說不定會引起他人不滿而大打出手。
- 避免在計程車上與司機閒談敏感的政治議題，以免為彼此不同的黨政理念爭得面紅耳赤或演出全武行。
- 在異地下榻的飯店名稱及房間號碼，最好不要洩露給陌生人知道。
- 絕不要圍觀賭局。不只是國內，甚多國家的街道上，經常有歹徒成群結黨設下各種騙局，引誘陌生人下注，如果您好奇想一窺究竟，記住，瞄一、兩分鐘立刻就走，如果您一再逗留，即使他們騙不了你的錢，也會扒竊或搶劫，讓你破財。

- 在異鄉叫車時，須留意計程車司機的許可證照片，是否與本人一致，且記住司機的姓名，若發現不對勁，立刻下車，以策安全。

- 一身珠光寶氣到公共場所是非常危險的。如果非得如此裝扮，盡量到目的地再拿出來佩戴，避免招搖過市，惹來一些不必要的麻煩。

- 人潮匯集處或異地小吃街，雖頗具吸引力，但往往也是扒手活動最頻繁的地區，要特別留意隨身財物。

- 下榻飯店後，只要您外出，務必向櫃台索取飯店的名片，並備妥銅板或電話卡，以及飯店位置圖，如此您的旅遊風險可降至最低點。

- 自助旅行要特別注意吃的安全。在一般公路餐廳或特產店點餐時，一定要先問清楚價錢再上菜，否則有可能您看到「下水湯80元」的價目表，卻在結帳時得付800元的沉痛代價（以人頭計），若您動怒，店家即露出猙獰的面目，或召來幫手對付您。

③ 飛安

- 最好不要將每個行李塞得滿滿的，否則出關、入關時，很容易因海關人員的檢查，而影響您的行程。

- 最好行李外只繫一張旅行社所發的識別卡，寫上您的英文名字及班機代號即可。不要天真地以為詳填地址就不怕遺失，若您這麼想的話，可能又會給宵小一個發財的機會，他們會很快循著該地

址，跟你玩大搬家遊戲。

- 如果突然有陌生人飛快拿起你的行李就要走，並大叫：「噢！我的行李怎麼會在這裡…」，此時您當立即從其舉止「判讀」出他就是檻上君子，不必等他來說抱歉後再興師問罪，馬上大聲喝斥回去。

- 有些國家（尤其是東南亞國家）在檢查行李時，總不厭其煩一只一只檢查。您除了要盯緊他們的舉動外，更要再次檢查您的行李是否少了什麼。

- 盡量讓行李顏色「與眾不同」。避免攜帶黑色、咖啡色或深藍色等大眾化顏色，如果色彩鮮豔或對比強烈，利於您快速搜尋與提領。不致耽誤寶貴的時間。

- 在犯罪率較高的國家帶類似 007 手提箱通關時，不妨謹慎地以耐用繩索綑緊（這類手提箱較好開，若未加特別防護的話，十分地好偷），以防不法份子心生邪念，拉了行李就跑。

- **在機場等候室裡，盡量將隨身行囊擺在雙腿之間，如此歹徒難下手。如果您老看著別處、或來來往往的酷哥辣妹，容易因分神而讓歹徒有機可趁。**

- 如果有服務人員要替您行李加鎖防護時，先別急著謝他們。請注意兩點：這些人看起來是否正派，有無可能是歹徒偽裝。如果確定他們身份沒問題，請留意他們替您上的鎖與鑰匙是否「相容」。免於通關後為了鎖與鑰匙不符的問題而浪費時間。

- 在候機室裡千萬不要中了歹徒的「調虎離山計」。當一位漂亮小

姐拍您後肩請教班機問題，在您轉頭之際，她的同夥可能已經竊走您的貴重物品。

- 如果有陌生人請您代他保管一下行李，即使是殘障人士，也要斷然拒絕，以免節外生枝，裡面可能藏有毒品、炸彈、贓物等，在他們被警方盯上無處躲藏時，您可能遭受池魚之殃。

- 如果在國外機場，每個地方遊戲規則都不一；為安全起見手機裡一些敏感性檔案，最好自己透過 email 寄給自己備份後，立刻刪除；以免手機遭海關扣留。

- 出國旅遊最好要有好友隨行，可沿途相互照料。

- 飛機上很多人覺得長途飛行很無聊，遂找鄰座旅客搭訕，其實這樣很可能受到飛沫傳染，非常危險。

- 劃座位時，最好選擇靠窗位置較佳。因走道兩旁位置比較多旅客會因如廁等原因穿梭其間，受到細菌感染機會增多。

- 座位鄰近廁所的，情況雷同。

- 時常以濕紙巾擦拭座椅手把跟用餐小桌，減少細菌感染機會。

- 雙手盡量不要去觸摸自己眼睛跟嘴巴。

- 飛機上供應的報章雜誌很多人都看過，你最好不要拿來閱讀，因為細菌多到數不清。

- 抵達目的地時，通常旅客會一窩蜂急著擠到艙門口要下飛機，這時社交距離幾乎是 0；容易被細菌感染。

- 在座位上方都有空調出風口，最好用濕紙巾擦拭其噴嘴，做好消毒工作。

- 如果只是短途幾個小時飛行，不要喝機上的飲料或餐點，避免感染細菌。
- 如果發現有咳嗽發燒現象（鄰座或自己），立刻要求服務員幫你換座位。

④ 搭車

- 在國外搭計程車時，應事先了解當地匯率及計費方式，才不致到目的地時，與對方起爭執。
- 在車上即使身心俱疲，也不要睡著。如果您倒頭呼呼大睡，生命及財物都可能遭受侵犯。
- 如果自行租車，不要隨便載陌生人。在途中恣意讓陌生人同行，易形成「寡不敵眾」的危險情勢。
- 如果計程車司機身邊已坐有陌生人，儘管司機堅稱是他朋友，您也不要搭乘，以確保旅途平安。
- 女性獨自搭車，較安全的方式如下：
  A. 在下榻飯店處，請櫃台代為叫車。通常與飯店搭配的車行較可靠。
  B. 外出時，避免穿著易引人遐思的服裝。
  C. 沿途少搭訕，若要請教觀光地點，問完後提其他事，以免讓司機或當地人會錯意。
  D. 帶著車行名片，以便在暢遊結束後，聯絡他們載您歸返。

E. 如果聯絡車行後卻久候不到，不要急著搭便車，如果天色已暗或天氣惡劣，不妨到附近商家繼續等候。

⑤ 飯店

- 選擇飯店最重要的是安全問題。行前最好先探聽當地飯店的網路評價好壞，可透過朋友，或直撥當地警察局、消防單位詢問。

- Check in 時，如果您沒有主動要求，對方通常只會隨機選房間，您大可先給服務人員一個方向：以二、三樓優先，比較容易逃生、獲得救援。或以靠近逃生門的房間優先，避免在走道盡頭。如果七樓以下已客滿，趕緊轉往別處訂房。超過七樓，唯恐小鄉鎮的消防車會變成英雄無用武之地。

- 如果您是單身女性也無同伴時，下榻飯店後立刻通報親友，讓他們知道您的行蹤，以確保事故後的追蹤。

- 晚上就寢前，將手電筒擺在床邊，發生狀況時，即使飯店一片黑暗，您仍有機會從容脫困。

- 進房間後，立刻檢查窗戶、陽台的逃生梯、索等，若有腐銹現象，立刻要求更換房間，如果每間都如此，趕緊走人吧。

- 如果您開車，最好選擇從窗口就能掌握愛車動靜的房間。

- 離開房間時，最好開著小燈，才不至於在回來時一陣漆黑，甚至在跌跌撞撞中，傷到自己。

- 要走出飯店前，不妨先詢問櫃檯哪裡好玩，哪些地方危險。

- 如果要租車出遊，最好與租車公司訂定合約，協議雙方權責，以免發生事故難以處理。
- 離開房間時，不妨在門縫夾一張小紙上。回房時若發現該紙片掉落在地上或位置不一樣了，且外出時間並非清理時間，則可能房間有人潛入了，這時最好找服務人員陪你開門。
- 如果深夜才回飯店，一定要從大門進入。因為側門、後門往往是飯店安全措施較弱的地方。
- 如果櫃檯突然交來一份包裹，未署名何人所贈，不要急著打開，先退回櫃檯，因為歹徒可能藉機栽贓敲詐。
- 房間鑰匙隨身攜帶，不要留在房間內。
- 夜間外出絕對不要獨行。
- 外出時，最好將身上貴重金飾、珠寶等交由櫃檯保險箱託管。
- 如果回到飯店時，發現大廳門口擠滿警察或媒體工作者，別急著回房間，先弄清楚狀況，以免不慎成為人質，也不致破壞現場證物。
- 沐浴時，最好將錢包護照金飾等，帶入浴室，避免宵小趁機偷竊。
- 飯店餐廳不要狂飲的爛醉如泥，容易遭歹徒洗劫財物。
- 公共區上完電腦網路後，記得做登出動作；一但回國後，再將密碼全部更新，確保個資信用卡等資料遭駭。
- 租旅遊車不要一昧貪便宜，反而應該以規模較大公司為首選。才安全。

⑥ 出差

- 男性到外地出差易被色誘，飯店或Club裡，總會有「內江」、「媽媽桑」慫恿您叫個小姐陪宿，記得，如果真有需求時，不要一次找兩位。因為當其中一位正和你親熱時，另一位可能已將您貴重的財物洗劫一空了。

- 在外出差時，穿著力求樸素。過度打扮，易遭來橫禍。

- 行前盡量周詳計畫旅遊行程，以免受舟車奔波之苦。

- 為了應酬之需而喝酒，必須注意要適量與適度，因為過度飲酒之後，EQ 降低，在酩酊大醉之際，易為歹徒有機可乘，能不喝就不喝，能少喝就少喝。

- 即使在旅館房內，也最好將大門多上幾道鎖，以防歹徒破門而入。

- 可能的話，在旅館門縫邊，貼上小型感應器，歹徒闖空門時，就會引發警報聲，有嚇阻作用。

- 不要隨便與陌生人搭訕或讓其進入房間。即使未演出仙人跳，恐怕也難逃被偷竊的厄運。

- 出門在外，一切以和為貴。尤其在鋼琴酒吧等聲色場所，絕對不要大聲叫囂或與人爭執。

⑦ 異鄉

- 隨身攜帶小型防暴器或噴霧器，以防歹徒攻擊。

- 不論開車與否，最好隨身攜帶手電筒，以防車子拋錨，或旅館裡發生突發狀況。
- 不要逞強，不要自以為語文能力佳就不需要當地嚮導，無論是觀光旅遊或商務考察，身邊有個嚮導，絕對是利多於弊。
- 在異地經常是「瞎米攏不通」，因此地圖一定要隨身攜帶，但不要攤著地圖四處問，很容易洩了自己是異鄉人的底。
- 除非必要，Shopping 時盡量以普通卡刷卡，避免亮出金卡、白金卡。據國外調查，持有愈高等級的信用卡刷卡者，其消費風險也愈高。
- 在異地觀光時，少到 KTV、Piano Bar 等較複雜的場所玩樂，通常這些地方較易「藏污納垢」，易引起事端。
- 開車途中，若路邊有車子拋錨，並有美女揮手求救，記住，要提高警覺，其中多半有詐。據美國警政單位研究發現，平均 36% 的車主曾因此遭到暴力脅迫或搶劫。因此，立刻走人為上策。
- 出發前，不妨先學會當地實用會話，以應付種種危急狀況。例如「請問警察局電話號碼；飯店怎麼走？」、「對不起，我需要救援！」或「我被搶劫了！」等。
- 不要隨便掏錢給當地小孩。以印尼為例，如果您掏錢給一位向您乞討的可憐小孩，很可能立刻引來上百位小孩要您施捨，把您包圍得難以脫身。此時，小孩可能拉扯您的皮包或趁機扒竊您的財物。
- 在行前要確認當地警察制服樣式及色系。到當地需要救援時，即

能在人群中很快辨識出誰是警察，找到他們替您解圍。

- 如果在異地遺失了財物或重要文件，最好要求當地警局做一份筆錄影本帶回存證。如果發生車禍、意外事故時，應要求就診的醫院開立「診斷證明」或「驗傷證明」，回國之後即可憑此證明向保險公司辦理理賠。

- 您的護照及身份證，最好事先複印一份。萬一在異鄉遺失了，這時「備份」就能派上用場，利於您通關或申請各方面援助。如果您的財物被洗劫一空，身上沒有任何可以「交代」的文件，當地語言又不通的話，後果難以想像。

- 如果有訪客與您洽公，非至親好友，最好選擇 Lobby 或餐廳交談，避免引狼入室。

- 在異鄉作客當本著「識時務者為俊傑」的心態行事。遇到歹徒，寧願吃虧，花錢消災，不要與對方發生衝突，萬一不慎傷了對方，極可能被當地警局拘留多日。

- 暗巷、窄路或人煙稀少的街道盡量遠離。

- 下榻飯店的房間號碼，千萬不要告訴陌生人。

⑧ 租車

- 在外旅遊時，如果能租車到處觀光也是件愜意的事。租車時除了須探聽行情以免被坑外，正式上路前最好請求「試開」。試開重點如下：

A. 加速後猛踩煞車，試試它的安全性能。

B. 倒車繞幾圈，加速及猛踩煞車，試試它的靈活性。

C. 檢查所有車門是否好開關，以免危急時來不及逃生。

- 開車旅遊不要逞一時高興，在路邊小店或加油站附近買酒暢飲，它可能影響生命安全。反對的理由如下：

  A. 在國內酒後開車被抓到，除罰款 NT12,000 元之外，還可能被吊銷駕照三個月。

  B. 即使是同一品牌的啤酒，在台灣、日本、歐美等各國的「酒精濃度」都可能有很大差異，未看清瓶上標示就隨意飲用，對於不勝酒力的人而言，可能造成莫大傷害。

- 只要離開駕座，立刻上鎖，哪怕您只是下車到路邊方便一下。
- 即使只是下車幾分鐘購物或如廁，也不將小孩單獨留在車上。

  A. 我的一位親戚曾發生類似情事。當他們一家大小到美國冰谷（Ice Valley）觀光時，大人只是下車拍照，短短十分鐘內，小孩即遭當地人勒贖，還好歹徒胃口不大，只索價 250 元美金，該夫婦在花錢消災、息事寧人的原則下，終於以 150 元美金「議價成功」，而倖免大難。

  B. 另一則例子發生在好友身上，當天朋友開賓士轎車接小孩下課，小孩吵著要吃牛肉麵，由於不好停車，於是他先將車子停放在該店附近 100 公尺處，小孩留在車上等他，約八分鐘

後回到車上，卻見小孩臉色發白驚魂未定，原來剛有兩位蒙面歹徒猛力開門要錢，並大肆搜刮一番，之後還威脅小孩不得報警。

＊慶幸這兩起事件並未釀成悲劇。在此，特別要提醒讀者，「千萬不要讓小孩落單了！」

- 如果您搭他人的百萬名車，最好選擇前座。歹徒只會認定後座的人是大老闆，並以他當箭靶，先一陣痛打再收刮財物。
- 切記，下車時貴重物品一定要帶在身上，如相機、皮包等。歹徒只要眼見車內有皮包，即使裡面空無一物，他們仍會「特別禮遇」，視為貴重物品「照拿不誤」。
- 開車途中若有人攔車請求順道載他一程，如果你阿沙力說 OK，可能會飛來橫禍。

CHAPTER 2

街頭防禦

　　街道始終焦慮著，究竟要到哪一天，才毋需再扮演目擊者角色，讓暴力悲劇從此落幕。萬一您當街碰上土匪，不幸成為人質，或意外落入狼人魔爪時，是要「配合」歹徒要求，還是誓死抵抗呢？歹徒要的是白花花的鈔票，犯不著傷及無辜，如果被害人態度「很配合」，應該不致被殺傷。所謂「街頭犯罪」型態嚴格說來範圍很廣。例如：

* 街頭示威遊行釀成的肢體衝突，或更嚴重的流血事件等。
* 青少年飆車，看不順眼的路人揮刀亂砍。
* 銀行、銀樓、商店搶劫。
* 當街對學生潑灑硫酸。
* 精神虛耗（障礙）者，當街殺人。
* 製造假車禍，藉機恐嚇詐財。
* 青少年群集速食店門口，挑釁過往路人或入店客人。

　　以上種種犯罪方式，皆可以街頭犯罪 street crimes 一詞含概之。萬一「街頭犯罪」發生在你身上，要如何逢凶化吉呢？所謂「預防勝於治療」。如果多作「事前防禦」工作，就可避免遭受傷害。

①市場

- 不要因市場裡頭所販賣的食物都已經煮熟過，回家就直接食用。因為市場裡灰塵跟細菌很多，如果天氣又熱，即使熟食也很容易因而變質，而危害到健康。因此，回家後再次加熱會安全一些。

- 屬於勾芡類湯湯水水的點心，最好不要去碰。（熱量、含鈉、糖量都很高）

- 如果你非常喜歡油炸食物，你要買之前先看看那炸鍋裡的油品色澤，如果清清如水可見鍋底，代表油還是新鮮的。如果油品色澤偏灰暗色，甚至黑到不行，那還是不要去碰，避免傷身。

- 蘋果一大盤賣你 100 元，或奇異果一堆賣你 80 元，你也先別高興你今天撿到便宜。碰到類似量販水果促銷時，你必須一個個拿起來看底部，是否有瑕疵潰爛；避免花錢還沒佔到便宜。

- 市場當中還是免不了有攤販老闆會在秤重器上動手腳，讓你多花冤枉錢。最好是結了帳，你再拿到別的攤位磅秤去秤一次，就知道老闆有沒有搞小動作。

- 市場裡有三多，東西多、攤位多、扒手更多、市場裡被偷錢包的阿公阿嬤也很多。想悠閒安心購足食物同時，將包包放在胸前位置，用手牢牢抓著，就不容易被偷。

- 水果不是被人打臘過就可能被噴灑一些農藥，所以買回家後，需用專用去除農藥清潔劑先浸泡過，再用刷子刷幾遍，比較安全。

- 絕大部分人買青菜時都會挑菜葉較大，顏色青綠；賣相好的回家

料理。然而這類型青菜多半灑過農藥。反而是少數賣相差，菜葉破洞多的青菜，沒施農藥。就算貴一些吃起來才安心。

- 煙燻或燒烤類食物容易嚴重威脅健康，一定要非常小心。

- 市場裡往往會看到形形色色太陽眼鏡販賣著，一副 100 元或 200 元等等…便宜是便宜，但低價眼鏡其材質當然不可能用到好材料，一但戴上劣質鏡片，雙眼必首當其衝受傷；不能不小心。

- 39 元或 69 元一條低價的延長線，無法保證其品質保持在安全狀態下，應避免購回使用；避免發生短路釀災。

- 假鈔最容易在市場當中流通著，當你從攤販老闆找回五百或一百元時，一定要養成馬上查看是否有防偽圖像，才不至於吃虧上當甚至被警方誤會妳是偽鈔共犯。

- 如果突然發現市場裡有人掉了一把鈔票，你可不能傻呼呼就撿起來放在自己包包，有可能歹徒設局陷害你，告你侵占，屆時你很難全身而退，要特別防詐。最好不要撿，就算你想撿起來送警方，然而路上，可能歹徒就拍照存證，讓你如啞巴吃黃連，怎麼也難自圓其說。

- 市場裡的食材，永遠也買不完，不要想一次就買很多蔬菜水果，食材過重的話，雙手提回家後容易傷及手臂，導致三角肌發炎，還得去做復健或紅外線光療，非常麻煩。

②小黃

- 除非是從外頭叫車回家，否則最好找無線電車或 uber 多元化車，比較安全；一旦發生狀況，才會有跡可循。

- 在車上不要猛數剛剛拿到的薪水或貨款，以防運將見財起意。

- 如果你穿著暴露，可是容易引起運將性衝動，甚至對你伸出鹹豬手。或一不做二不休，將你載到荒郊野外非禮。

- 如果你要去的地方路況不熟，可先 google 查詢，心裡有個概況，一但運將意圖不軌，你可當場提出修正。避免被當冤大頭，讓司機拼命繞道多花車資。

- 女孩子搭小黃，最好有伴同行。避免落單搭車。

- 一上車後養成拍下車號與駕駛人姓名，萬一手機或重要包包文件遺落在車上，就比較有機會透過電台或叫車平台，聯絡到他。請他幫忙送回。

- 一般人上了車習慣坐進後座，依法規定，乘客即使選擇後座也需綁緊安全帶；避免發生追撞時車門彈開，乘客不幸被拋出車外嚴重後果。

- 特別是深夜應避免獨自叫車到偏遠山區或人跡稀少鄉間。

- 一些小黃運將都會在車內張貼藥物或食品廣告，這些物品多半沒有政府單位檢驗合格標章，一但你受運將動人說詞所吸引，以為他推銷的壯陽藥，用了之後比藍色小藥丸還威猛；或誤導你小孩子吃了後增高藥，小孩會快速長高……等等，那就上當了。簡而

言之，車上別亂買就對了。

- 在車上講手機最容易讓手機滑落座位上讓你渾然不知；最保險方式，講完立刻放包包裡面，才不會下車之後發現手機遺忘在車上，能不能如願尋回，那就看你的造化了。

- 養成上車立刻看跳表習慣，避免在大白天被運將按下夜間加成鈕，讓你多花冤枉錢。

③公園

- 熱戀中男女利用下班時間在公園約會談情說愛是很稀鬆平常事，然而就是會有一些變態者，喜歡躲在黑暗角落或樹叢哩，偷拍情侶親暱動作甚至還會偷錄一些激戰影片。不能不提防。

- 公園裡偶而也會有音樂或舞蹈表演，在全神貫注觀賞藝人演出同時，應避免讓小孩獨自落單遭人擄走，更要提防最喜歡群眾聚集處的扒手集團，這種歹徒下手絕不手軟。

- 池塘裡錦鯉紅黃藍黑相間色彩，十分迷人，有些家長在看得出神時，卻不小心讓小孩跌入池中，非常危險。要看緊頑皮小孩，才能高興出遊，平安回家。

- 坐上一大片軟綿綿草皮，或躺在那睡個一小時，非常舒服；不過草上激戰同時，草皮中的恙蟲或蚊蟲可是一點也不客氣會在你身體上，大快朵頤，叮咬你全身發癢；甚至帶來一些傳染病，不能不慎。

- 公園裡面偶爾也會發生駭人乙醚犯罪事件，或致人昏迷之後強行奪取被害人身上財物。或直接用它來攻擊對方，進而控制對方的行動。非常危險。犯案者多半假裝好心拿出所謂醒腦液，快速在被害者頭部太陽穴塗抹，被害人就這樣完全失去知覺，財物被洗一空。

  ＊總而言之，不要讓生人以問路或其他理由來靠近你，就能避免災禍降臨。

④旅店

- 不管你是休息還是住宿，可別將店中的物品漂亮浴巾或進口咖啡杯等，私自帶回家，一但旅店提告，你還得賠錢道歉才能了事。
- 在旅店中情侶或愛偷吃的已婚男女，一定要提防是否有監視畫面或密錄情形；部分旅店在他們辦公室都有一大片電視牆，上頭當然就是所有房間監視畫面。原本旅店用意是用來監視是否有人開毒趴或聚賭情形，爾後倒也變成無心插柳柳成陰，很多激戰畫面就這樣外洩了。

⑤搶劫

搶匪最常出沒的地方是鄉野大道、高速公路和熱鬧的商街。早期搶匪都是持開山刀、扁鑽和西瓜刀等工具犯案，近幾年來，搶匪

的武器有大幅升級的趨勢。除烏茲槍、黑星槍之外，土製炸彈、蘇俄短槍、火箭筒等，已成為歹徒犯罪的主要工具。「搶匪的武器愈先進，意謂著老百姓的生命財產愈難呵護。面臨如此一個「兩天一大搶」、「每天三小搶」的非常時期，您該如何有智慧的因應呢？謹記以下安全守則：

- 迅速吸收「犯罪心理學」知識。不是建議您把坊間的犯罪心理學書籍一次 K 完，而是希望您對它有個概括性的了解。據調查顯示，搶匪特別喜愛下手的地方不外乎下列幾處：
  1. 銀行門口
  2. 孤立的自動提款機旁
  3. 一般超商
  4. 夜市
  5. 獨居老人的家庭
  6. 交通繁忙的十字路口
  7. 公園裡
  8. 窄巷裡

  此外，地下室停車場、大樓樓梯間、電梯裡、頂樓、門口停放百萬名車之住家等，也都是歹徒垂涎的場所。

- 即使純旅遊，也要因地制宜。別說歹徒擅於觀察，就是一般人也能判斷來者是否為外地人。當您到異地時，往往歹徒會憑直覺判

斷您是外地人，尤其當您的穿著顯得格格不入時。較聰明的作法是「入境隨俗」，立刻換當地人常穿的樣式跟衣色，您就不會成為歹徒的目標了。

- 最好不要抵抗歹徒的要求。歹徒通常是被債務逼急了，只好演出「跳牆戲碼」。記住，他們要的通常是您身外的財物，一旦遇搶，財物給他乾脆些。美國司法單位所作的「犯罪行為」調查報告中顯示：愛與歹徒抵抗，捨不得掏出身上財物者，其被加害的程度，大約是聽任其擺布者的四倍之多。可怕吧，是四倍之多，而不是增加為四成而已。

- 經常觀察四周。保持高度警覺狀態，雙眼注意周遭可疑份子。如果您已成為歹徒獵物，勢必也會有一雙緊盯著你的眼睛，這時您最好立刻離開。如果您看到一個大男人，無端地佇足女人護膚坊門口，或街角突然出現數名青少年，跨騎在摩托車上，而引擎發動著，一付賊頭賊腦的樣子等可疑狀況時，你就要特別注意了，避免成為對方攻擊的目標。

- 路上行走時，不要分心。邊走邊聽隨身聽固然是輕鬆愜意，但這與邊走邊打行動電話同樣是愚昧的舉動。歹徒往往利用行人「分神」之際，驟然行搶，讓您措手不及破財傷身。

- 出門在外，多相信自己的直覺。如果您所到地方，一眼望去氣氛詭異，如許多人以異樣眼光看著您，看上去又似無業遊民，或上計程車後，立刻覺得車裡裝飾怪異，或司機一副獐頭鼠目的德行，並露出猙獰的笑容等異狀時，不須再考慮，立刻離開現場吧。

- **防搶裝備，隨身攜帶**。最適當的防搶、防暴裝備就是「噴霧罐」。倘遇歹徒攻擊，立刻取出噴霧罐朝對方噴，它是一種類似麻醉神經的藥劑，可使對方暫時失去知覺或感到痛苦萬分。許多人使用噴霧罐不得要領，若現場有風，噴霧時要迅速掌握順風的方向，噴在歹徒臉上，切忌逆風噴霧，或風向沒測準，那麼受最大傷害的恐怕還是自己。

- 樹小不招風。樹幹愈粗大，枝葉愈茂盛，愈容易受風雨摧殘。樹如果矮小些，隱密性自然就高些。同樣的，要是您是個明顯的「目標」，如穿金戴銀、名車代步、一身名牌貴氣的妝扮，歹徒不搶你搶誰？因此首要原則為「避免成為街上的突出物，盡量不要與眾不同」。

- **錢財誠可貴，生命價更高**。一旦遇搶了，要很乾脆的將身上財物交給對方。假設你被搶劫五萬元，為此與歹徒硬拼而遭致命傷害，難道您的命只值五萬嗎？

⑥暴力

除了前述的安全守則要牢記外，尚有其他有效的防禦秘訣如下：

- 遇搶匪時，為引起路人注意、過來解圍，不妨趁機用力踢撞停放路邊的機車或汽車，使其警報器聲響大作，有助於歹徒中止惡行。

- 夜晚少出門。歹徒多有夜間攻擊老弱婦孺習性。以防被看清真面

目的習性。除非必要，聲色場所附近更應少經過。

- 搭公車時，盡量坐靠近司機位置，避免落單坐在車廂後側。

- 搭火車時，要提防每節車廂廁所位置是否逗留一些遊手好閒之徒。

- 夜間返家時，最好有伴同行。多利用商店街騎樓或路燈較多的路徑，減少被歹徒攻擊的機會。

- 盡量利用電話轉帳服務，避免因上銀行存放或提領大筆現金，而讓歹徒有下手機會。

- 準備小手電筒。無論在暗夜街道、夜間抵達家門口，或夜間要開車外出時，它都能幫助您很快找到鑰匙孔位置。

- 到百貨公司或大賣場購物時，避免帶過多的現金，以足夠消費為原則，更不要炫耀自己的多金，讓歹徒有機可乘。

- 職業婦女下班的路線最好能經常改變，較不易讓歹徒察覺您的「習性」。

- 搭乘捷運、台汽客運、火車等大眾交通工具時，下站時最好有人接應，否則，歹徒很容易看出您是外地人，而引發犯罪動機。

- 即使車站一時無人接應，最好隨同他人一起下車，如果落單，較容易發生危險。

- 每月的 1、5、15、25、30 日等大日子，都是歹徒們公認的發橫財時機，因為上述日期不是公司行號的發薪日，就是對外付款日。

- 即使戴的是假項鍊，也不要認為不會被搶。歹徒很難辨別真假，

再者，歹徒只要拉緊您的項鍊，您就可能會成為待宰的羔羊。

- 絕不隨便讓人搭便車。尤其是特別漂亮的女孩子，在街角、鬧區或荒郊大揮玉手時，更要提防。
- 出門在外，寧可吃虧，不要為了芝麻小事，與坑你幾百塊的店家過意不去。容易惹來殺身之禍。
- 開車途中，下車如廁或買個東西，都要養成立刻上鎖的習慣。
- 夜間丟垃圾時，即使垃圾車離家只有兩、三公尺，也要在出門時，將大門鎖上，避免歹徒趁機闖入。
- 當您搭便車到某地點，還要再等其他車輛時，記得，如果原來車主願意暫時陪您等待，直到接應車到來，會是較安全的作法。
- 如果您在夜間有心送女友、同事回家，是值得鼓勵的，不過，好人做到底，當您送她至家門口或小巷時，最好親眼看見她安全進屋再離開。

⑦性侵

　　根據官方資料顯示，台灣每年平均性侵案件數在 17,000 左右（108 年）。平均每天發生 46.5 件。基於台灣婦女們大多有息事寧人的消極想法，不敢挺身而出報案，所以常讓「狼人」食髓知味、重覆犯案。既知強暴案每天都可能發生，婦女們應體認防狼之道，以自我防禦。

「守」是指被動式的自我防禦。

「攻」是指主動式的自我防禦。

我們先從「守」的策略談起。「守」即指以退為進。

- 一見到狼蹤出現,拔腿就跑。迅速逃到車上、百貨公司,或附近商家立刻報案。

- 被狼人侵犯時,可明白地告訴他「我有梅毒」、「我已感染愛滋病」,或「我被婦女病纏身多年,要不要看看我包包裡的藥…」等柔性的的被動防禦。根據調查發現,女孩子在說出這些話後,很容易讓狼人倒盡胃口,得以安全脫離狼爪。

- 遇強暴時,以尖叫方式嚇退歹徒並不是上策。根據犯罪心理研究報告指出,當被害婦女大聲呼救時,會加重對方傷害手段,以迫使婦女就範的比例高達 72％以上。故大聲呼救的方式,往往更難如願脫困。

- 若地上有砂石或石灰粉狀物時,先趴、躺在該處,侯其靠近時,再瞬間抓起砂、粉末,狠狠地往他的雙眼扔撒,並用各種角度多次扔撒。或佯裝跌倒之後,待狼人靠近時,以雙腳用力踢他的「要害」幾下。

- 和對方磨菇。找一些話題拖延時間,再設法脫困。若能找出一些歹徒可能關心的話題,或許會有峰迴路轉的餘地。日本有位歌星遭狼人綁架企圖施暴,她就以精湛的談話技巧,和歹徒大談股票,並解析一些賺錢股。不可思議地,歹徒在聽了近九十分鐘的

「理財學分」後，將她釋放了。

- **隨身攜帶衛生棉。**當歹徒有非分要求時，明白告訴對方「我現在剛好有好朋友造訪…」，並立刻亮出皮包裡的衛生棉以取信對方。
- 如果判斷現場不易逃脫，不妨開口要求對方換個較舒適的地點，如果對方答應了，至少您就有逃脫的機會。

＊易守爲攻

如果您覺得自己的體能與智慧都在狼人之上，不妨大膽採取「易守為攻」的作法，展開一波波致命的主動攻擊，方法如下：

- 伺機取出噴霧罐，猛噴對方雙眼。
- 以電擊棒伺候（雖然警政署明文規定，民眾須先申請，經核準後才能合法使用，但危急時，仍以保命為要，不要遲疑行事）。
- 利用隨身雨傘、信用卡的邊角銳處，或高跟鞋的鞋跟，朝歹徒雙眼或頭部或命根子狠 K 幾下。
- 如果歹徒已得逞，你仍可利用他在發洩獸性時，奮力將身體迅速左右扭動，或將歹徒的命根子扭向不利的角度，迫使他中止進一步侵犯行動。
- 當自己雙手已無力抵抗時，記得您還有一口銳利的牙齒，有機會的話，使勁咬他的雙手或任何部位，使他痛苦不堪。
- 通常以大姆指攻擊歹徒的雙眼，是遏止獸行的有效方法之一。
- 以雙腳用力踢他的膝蓋，即使無法致他於重傷，仍可能使他痛得

站不起來。膝蓋以下至腳掌之間骨頭凸出部位，都是在攻擊後，能教歹徒痛不欲生。

· 在施暴現場若發現有警報鳴響裝置，或電梯裡有警鈴設備，盡量找機會以皮包或手飾等東西，去向警鈴按扭觸動警鈴，讓其他人知道你需要救援。

· 如果施暴者不只一人，最好先觀察「誰是老大」，然後佯裝要與老大相好，要求暫時帶您至另一個場所，這時您就比較有機會在一對一的情況下溜走，而不致落到「寡不敵眾」的劣勢。

＊掙脫陰霾

· 如果已被強暴了，再緊張焦慮也無濟於事，不妨換個心情安慰自己「事情很快就會過去」。這時您唯一的任務就是記清楚歹徒特徵，和現場每一個角落或同謀者特徵，如說話口音、身高、容貌等，以利日後協助警方將歹徒繩之以法。

· 被強暴後，不要立刻洗澡，或換衣服，應盡速前往醫院急診。現場保留愈完整愈好。

· 為利於警方鑑識組採取指紋，現場的門把、門窗、座椅、床墊、電話等，避免再碰觸。

· 萬一不幸被強暴了，設法以最快的速度報警。如果怕家醜外揚而就此作罷，只會助長暴徒肆無忌憚。

· 報警時，注意盡量不要破壞歹徒先前留下的指紋，並請警方至少

派一名女警前來協助，女警一來可安撫受害者，二來可幫忙處理一些善後細節。過去曾發生警方獲報後，趕來數名男警，反而使受害者更不安。

- 在警方到達之前，盡量回憶剛才發生的細節，因為每個細微處都可能成為破案的關鍵。

- 除了請警方保護外，最好也能通知好友過來陪您。

- 採完指紋後，最好在警方或好友的陪同下，從容就醫。若受傷較嚴重者，則請人送您就醫。

- 到達醫院急診室，您有權利要求院方以最快速度替您驗傷、療傷。除非急診室有其他相當緊急的垂危病患，您絕對要爭取優先處理權益。

- 即使事後您心情已平靜許多，在警方訊問時，仍要表現強烈的憤怒感，讓警方重視此不幸事件。如果您一副不在乎的樣子，警方的辦案熱度也會跟著降低。

- 即使心中十分憤怒，並知道施暴者藏身處，不要急著親自討回公道，立刻找警方搜索，在人證、物證齊全的情況下，歹徒是無法逍遙法外的。如果您任性地想殺了他洩憤，或準備玉石俱焚…這些作法都是愚不可及的。

- 如果您不假思索地展開報復行動，而傷害對方，您同樣觸及法律，須負刑事責任。至於您控告對方強暴，檢方完全是分開辦理的。

- 為防止歹徒再度干擾您私生活，立刻裝置答錄機，一方面可過濾電話，一方面可將它作為庭上證物。

- 身心受到傷害後，可尋求「婦女新知會」、「張老師」或市政府的「蒲公英兒童青少年性侵害防治中心」等專業機構做心理護理輔導諮詢，以重新建立自己信心。

- 被強暴後，在作身體檢查時，千萬不要漏了「愛滋病篩檢」。如果歹徒患有 AIDS，很容易將禍根遺留在您體內。

CHAPTER 3

·第三章·
老人防禦

　　老人臉上的風霜是歲月與智慧刻劃而成的，然而，敬老尊賢的觀念每下愈況，老人也得求自保啊！

　　在台灣 65 歲以上的年長者，最少在 300 萬人，而社會中年齡層逐漸高齡化的現在，這些銀髮族所可能遭遇的危險，以及直接或間接所衍生的社會問題，確實是國人應重視的問題。「家有一老，如有一寶」這句話逐漸被國人束之高閣，中國傳統思想是以「孝」為本，然而，現代價值觀及家庭倫理漸受西風影響，老人家從過去絕對威權時代，演變為當今在家族的地位漸低落。為人子女們，終日忙於工作，大多長期忽略家中老者，缺乏付出實際的關愛，若加上銀髮族自身又未能妥善規畫晚年生涯，使得生活失去重心，心靈就易顯得孤寂與失落。一旦疾病來襲，往往輕易就離開這世界。

　　老人家的歲月是珍貴無比，而其生命更是脆弱的，特別需要細心照顧，無論子女是否能常伴左右，都應用心安頓老人家的食衣住行，尤其隱藏在社會個個角落的危險分子與引誘因素，隨時可能威脅著老人家，如果平時即隨時注意防範，這些危機或悲劇是可以預防的。

① 詐騙

- 交代家中年長者，一個人在家時，除非是熟識的人，不要隨意讓人進門。

- 郵差按鈴，表示有掛號信，如果不是例行的送信時間，不要急著拿印章外出取件。

- 老人家提款時，大多是帶存摺、印章至銀行提款，容易使歹徒趁機搶奪，或遭金光黨詐光積蓄。所以最好有家人陪伴，以策安全。

- 提醒家中老人家，對於突如其來的訪客按鈴，不要隨意開門。有人會假藉「修水管、修瓦斯管、通廁所…」等名義，進入家中恐嚇騙財。

- 老人走在街上，手上戒指或金鍊等珠寶飾物，容易讓歹徒起邪念。

- 老人家無論是外出採購或找朋友聊天，都要讓家人知道去處，即使您在上班，也務必請他告知可能的去處。

- 老人家外出時，現金夠用就好，萬一遭搶，損失不致太大。

- 老人家出遠門時，最好將現金分別放在不同地方，如褲子口袋、包包的特殊皮夾或鞋底等，以分散風險。

- 提醒老人家不要隨便向路人問路。必要時只問兩種人：一是附近店家老闆；一是警察。

- 盡量勸告老人家不要跟過多的會。若非跟會不可，務必協助老人家確認該會的穩定性，保留所有會腳資料等，避免會腳落跑，以致血本無歸。

- 老人家耳根較軟，但記住千萬不要替人「作保」，免得慘賠掉全部家當。

- 為了讓老人家面對危險時，能即時因應及處理，您最好平常就將派出所報案電話，大大地書寫在電話旁，或老人家易看到的地方。您可使用具單鍵自動重撥功能電話，以爭取時間。

- 假使老人家利用電視購物頻道打電話購物。最好指定對方在晚上家人都在的時候送貨，避免給送貨者「臨時起意」的機會。

- 老人家愛理財固然是好事，但不要碰地下錢莊。倘若為一時貪財，將老本注入錢莊的高利貸行列，圖得優渥的高報酬，一旦被檢調單位查獲，除吃上官司外，更可能血本無歸。

- 如果有陌生人來電說家人遭綁匪挾持，或欠稅欠健保費要接管銀行戶頭，全是詐騙伎倆，不須理會。

- 而老人家最頭痛的莫過於親人詐騙。像是兒女以投資新事業為由，陸續向長輩借錢，借了沒還還要續借，形同軟性詐騙，往往借光積蓄後，就乾脆棄養父母。

② 浴室

- 老人家容易在如廁或沐浴時跌倒，輕則縫幾針返家休養，重則腦震盪頭顱出血喪命。有鑑於此，浴室內改鋪防滑地磚，或另購塑膠裸空止滑墊；都是絕對必要的安全措施。

- 浴室內沐浴座椅，容易發霉，必須常清洗，老人家才不致因而感

染黴菌。

- 有可能的話，將水溫控制成恆溫狀態，才不至於出現忽冷忽熱，容易讓老人家燙傷或不慎感冒引發肺炎。
- 外頭熱水器最好離浴室遠一點，才不至於發生危險。
- **盡量讓浴室地板常保乾爽，就能減少意外發生。**
- 盡量保持通風良好。

③ 手機

- 老人家往往會因視力聽力減弱關係，最好幫他們準備老人家專用手機，有大型按鍵，有超大來電鈴聲裝置的，一旦發生事故，可以讓他們及時 call out 求援。
- 幫長輩手機設定為更簡易阿拉伯個位數字，如快速鍵 1 代表找警衛、2 代表找大兒子、3 代表小兒子、4 為女兒等等。免得到時為了找兒女手機號碼，亂成一團，反而誤了大事。

④ 藥物

- 通常長輩年紀愈大，從醫院拿回的藥物種類也會跟著增多，藥物一多，老人家就容易有吃錯藥或忘了吃現象，為避免類似情形發生，就需先將過期藥物給丟包。並將藥錠逐一放入專用小塑膠盒裡，妥善管理才安全。

- 如果家裡有重症患者，每天需管灌餵食，家人一定要學會鼻胃管賭塞時如何自力救濟，如果不會，那就得大費周章將病患緊急送醫。

- **管灌餵食藥物非常容易因長者嗆到關係，造成吸入性肺炎，那後果非常危險，可能還需進加護病房接受更進一步治療。因而，小心翼翼餵食藥物功夫，一點兒也不能馬虎。年長者容易食道縮小，發生噎住危險，家屬必要學會哈姆立克急救法，來解圍（實際操作教學在 YOUTUBE 頻道上，都可找到）。**

- 如果家中有長期服藥的高齡病患，如高血壓、氣喘、心臟病等，您要不厭其煩地提醒他們出門時務必隨身攜帶藥物。並且不時檢查藥帶對了嗎、量足夠嗎？

⑤ 遺囑

- 即使民法對於遺產繼承人分配比例有很詳細規範，但只要遺囑本身『有法定效力』，所有繼承人也只能聽命於長者遺囑內容，無法從訴訟中得到任何一毛錢。

- 如果有人利益薰心，膽敢偽造遺囑，就會觸犯刑責，不能不慎。

- 遺囑具有法定效力要件為長者親筆寫下，並蓋章簽名；同時需有至少兩位見證人簽名蓋章。或長者請律師或他人代寫再自己簽章，也有長者以錄音方式，完成遺囑交代。不論何種方式完成遺囑，都需符合民法相關規定。

⑥ 獨居

- 給家中老人添購隨身型警報器。遭攻擊時，能即時發揮遏阻作用。

- 家中門窗最好層層上鎖，但不要堵死「出口」，遇到火警等非常事故時，即使家人來不及趕來，老人家還有逃生的出口。

- 不要讓獨居長輩身上放很多錢，容易騙光或搶奪。

- 要將老人家藥物放在它枕頭旁邊，萬一發病時，可立即服用解圍。

- **廁所燈在黃昏後到第二天早上，最好都讓它開著**，特別在夜間如廁時會更安全。

- 每天固定時間測量血壓血糖，並做紀錄追蹤。

- 備好手電筒，萬一停電時就可派上用場。

- 夜間絕對不要開門，鑰匙不要隨便交託外人保管。

- 如果可能，盡量排一些朋友在白天來看獨居長者，製造一種很多人會來關心效果，讓宵小知道長者並非百分百落單，不是那麼容易入侵。

- 在門口加裝不易被發覺針孔攝錄器，全天候蒐證入侵者犯行。

- 如果你自己獨居，平常就須讓至親好友知悉你是獨居在外，萬一發生甚麼突發事件，才能獲得第一時間相助。

- 務必平日做好敦親睦鄰工作，有需要時才能獲得鄰居相挺。

- 隨時做好逃生心理準備，比方：萬一發生火警，如何安全快速由哪個地方逃出？萬一發生淹大水，你要往哪個窗戶急速逃離等等都要自己常記在心。

- 如果家裡只有你一個人，最好不要找工人進去修繕，對方可能看你孤零零一個下手行搶。
- 有人按門鈴時，不要急著打開，從影像監視器看清楚來者何人，不認識的一律拒絕開門。
- 自己要出國或只是坐國內輕旅行時，也不需網路 po 文交代自己何時出國，預計玩多少天，萬一被有心人士看到，那必然災情慘重（滿遺憾地，我們卻常在社群媒體商看到這樣訊息）。

CHAPTER 4

· 第四章 ·

職場防禦

　　辦公室裡，總是有小人趴趴走，不是當面損你，就是在你背後說壞話，工廠裡，如果你表現特別突出，那你也不一定能順利步步高升，因為老闆心腹可能正尋找機會，要給你難看……為何自己每天工作超時，加薪的不是我？為何自己在公司年資超過 20 年，升官的卻是服務不過兩年的小夥子？為何我電腦裡重要檔案神秘外洩？我的企劃案遭剽竊了，天哪！

① 電腦

- 電腦 Bios 要常更新，才能有效提升運算效率。

- 桌機或筆記電腦，都會有散熱孔設計，不要在出風口放東西阻礙散熱效果，散熱差就容易引起燒燙，進而引發意外。

- 電腦旁不能放甜點或飲料，因為雙手難免沾滿糖份引來蟑螂或螞蟻爬行，危害環境衛生。

- 開機的密碼要不定期更換。

- 遇到需用外來 USB 讀取檔案或儲存之前，一定先做掃毒處理。

- 需安裝刪除檔案 app，才能百分百確定機密性檔案全部銷毀。

- 資料最好要做加密處理，不過加密軟體會要求你輸入密碼，把該密碼記在自己容易看到地方，才不會變成幫倒忙。造成無法開檔的悲劇。

- 很多軟體都宣稱讓你免費使用，不過這類型軟體在你下載後，會夾帶病毒進入你電腦，要特別留意。

- 電子郵件也須加密處理，以谷歌為例，就曾有綠色灰色紅色三等級區分，讓你自由選用。

- 如果網路上看到某一型號電腦做大特賣，同時送你好多誘人贈品，這就意謂該型電腦處於滯銷窘況，或是品質有瑕疵，而降價求現。可能它的顯示卡呈現色彩差，可能它的運算速度老是卡卡，貪便宜買回家後，容易讓你後悔嘔氣。

- 電腦如果整天盯它十小時，很傷視力，最好每隔兩小時起來走

動，看看戶外綠色植物保護眼睛。

- 在開機狀態下，不要去碰裡面線路，容易讓你受傷害。

②手機

- 充電時應該在充滿 70 ～ 80% 之間最為裡想，如果常常充電百分百，反而會影響電池壽命。
- 特別是一些聊天交友類型 app 多半在你下載完畢時，個資也跟著外洩了。
- 手機最好不要借給他人使用，除了容易感染細菌外，資料容易經由藍芽直接傳輸出去，毫無個人隱私可言。
- 注意常常檢查手機 CPU 溫度是否過熱，容易因而釀出爆炸燒機危險。注意要常檢視如果溫度升高，立即做降溫處理。
- 手機也忌諱放在窗戶旁桌上，陽光一曬後，溫度馬上竄升，非常危險。
- 睡覺前關燈看手機影片玩遊戲，最傷眼睛。
- 最常見在聊天溝通軟體哩，出現陌生人要求加你成為朋友，最好避免，因為詐騙情況非常多。
- 將手機設定為非通訊錄名單，一律封鎖，讓不肖分子無法越雷池一步。
- 在郵寄手機給朋友時，要將電池與手機分開包好，不能將電池直接放在手機裡面。

- 平日寫好緊急求救 sms，一但真的出現危急情況，就可一秒之內，向親友發出求救訊息。安全脫困。

- 手機何時會掛點，只有天曉得，因而平日就須做備份，以防萬一。

- 不買二手機，除非你對店頭商譽有高度信賴，不然買了泡水機或摔過壞機子，倒楣還是你自己。

- 沒貼上高端保護鏡面貼紙在手機螢幕時，不能以酒精棉或濕紙巾直接擦拭。手機容易損傷。

- 手機發明之後，的確讓人類看東西習慣跟著改變，而這樣近距離凝視手機螢幕時間愈久，愈容易讓藍光傷害到雙眼，也因為長時間低頭凝視螢幕之故，脖子容易緊痛。適度讓眼睛休息實為重要課題。

- 智慧型手機都有設定定位裝置，最好取消該設定，讓自己隱私得到完全保護。除非有特殊任務在身，擔心家人好友無法確切掌握安全，則另當別論。

- 設定好開機密碼，會讓自己手機安全有多一重保護。

- 我們幾乎每天都會使用到線上帳戶登入去讀取信件或使用各類型影片編輯器等等。為安全起見，不要讓帳戶密碼做記憶留存，最好每次重新登入，用完再登出。雖然手續上麻煩些，就個人資料保護角度看，反而是比較有保障的。還有，隨時要有遺失心理準備。

- 多使用谷歌 VOICE 以虛擬電話號碼撥出給某些特定對象，對方如果回撥的話，怎麼也進不了你得手機。

- 機密性圖檔影片或文件等避免儲存手機，一但掛點或遺失，很難找回。

③接案

- 自由接案者 freelancer，受委任創作文稿或網站設計、承攬水電工程過程當中，多半容易受到委任人詐騙或債務不履行這兩大類型傷害。而自始至終能保留完整錄音、簽章認可、買賣相關發票單據者，一旦循法律途徑討回公道，也比較能將損失降到最低。從另外角度分析，沒保全相關證物或是合約語焉不詳，都將注定吃上大虧。（一旦訴訟起來，必定落敗）

- 自由工作接案者因本身工作是無法開發票關係，容易為案子發包公司所看輕，而變成予取予求；面臨這樣社會趨勢，接案人就得在自己服裝跟行頭上，要妝扮得有品味，並實際以優越技能，讓他們對你另眼相看。

- 要接案前，無妨先在網路查詢該發包單位的風評，如果有些負評，那就要特別小心去簽約。

- 另外也可透過工商公司資料查詢，是否確實有登記執照，是否公司還是處於正常營運中，有正常開出發票。如果發現沒登記或是停業中，那更要小心去談合作事宜。

- 如果雙方簽下合約，接案者卻無法先拿到訂金，那最好放棄。避免花了很多時間物料成本，到頭來變成一場空，還得受一肚子

氣，當然划不來。

- 關於詐欺一詞，在網路上或全國法規資料庫都有明確定義，簡單說只要發案人不以誠實信用方法委任你工作，或存心誤導你交出財物或個資或創作品後，也不想付款即是一例。

- 接案人跟發案人最容易發生爭執地方，就是驗收時對創作品質好壞的標準認定不一。接案人認為已經做很好了，或者經發案人要求修改多次，也都照做了，但發案人還是認定沒達標準，不想結清尾款。

＊碰到這樣情況，就只好循求法律途徑解決；絕不能打電話恐嚇對方，以免帳款沒要成，反而先吃上恐嚇罪。

職場裡有暴力傾向同事愈來愈多，是不是與台灣人愛呷肉食導致性情凶殘有關？虎鞭、五花肉、豬排消費量增多後，職場的良善基因也被改變了！

彼德‧杜拉卡（Peter Drucker）在管理學領域中，被各國專家學者推崇為「世界管理之寶」、「管理大師」的崇高地位。不只台灣有許多他的中文譯作，在日本、新加坡等國，也能經常在書市中，遇見大師諸多經典之作。他會幽默地將職場中的「人」和「管理」作了涵意極深的描述。他說：「您我口裡所說的管理、職場中的主管、部屬另種溝通藝術，它其實是指——讓上班族的工作更具高難度（讓一般人做起事來，更困難許多）的一種功夫。」其實，在工作職場中，無論您是管人、被人管、小老闆或平凡的職員都好，都應該有個人

危機處理意識。不要存著天塌下來有別人頂著的愚昧想法。一旦職場中的橫向管理（跨部門管理）失當，或縱向管理（部門內管理）欠缺平衡，都很容易造成雙方困擾。輕者雙方經協調或道歉了事，嚴重者後果就令人擔憂了，尤其是職場內的犯罪行為。

職場中的「犯罪型態」，因當事人學歷的高低，及區域的不同，其犯罪手法也有顯著的差異。以下事件即是匯集台灣不同地區的職場犯罪類型：

1. 主管性騷擾部屬，或老師猥褻學生。
2. 老闆強暴女職員。
3. 部屬綁架老闆。
4. 離職保全人員，光天化日跑進銀行搶錢。
5. 離職員工在自己服務過速食連鎖店，放置炸彈，恐嚇威脅企業主。
6. 情場失意，在飲水機中下毒對方，企圖加害置對方於死地。

在美國約有 9％的強暴案件是發生在高級大樓裡，如電梯中、廁所裡、發電機室、會議室等地方。

所有竊盜案件中，至少有 25％是發生在辦公室裡。所有情節特別重大的暴力犯罪中，至少有 14％案件，被發現來自職場裡。為了防範諸如此類的加重型「職場犯罪」，所需防禦動作如下：

④ 電梯

- 單身女子搭乘傳統電梯，無監視器的情況下，最好不要形成「孤男寡女」的不利情勢。當電梯門打開時，裡頭只有一位男性，最好改搭另一部。若自己在電梯裡，中途進來一位男子，這時立刻踏出去，或搭至下一樓層就出去，絲毫不要給對方見色起意的機會。

- 通常一部好電梯，天花板會附設逃生門，若發現搭乘的電梯缺少此設備，就要提高警覺了。

- 在大電梯裡，靠門左右側是竊賊最愛下手的角落。乘客大多習慣面向門，扒手往往利用其背對的機會下手。

- 搭乘透明電梯者，大多會背對門，沿途瀏覽景觀，這時往往是歹徒從背後下手的好時機，要提高警覺。

- 有些大樓地下室停車場的光線微弱，當您從明亮的電梯中走出來尋車，大多無法適應瞬間的光線高反差，這時，暗角裡的歹徒很容易一路跟蹤，因此，隨身攜帶小型手電筒是有必要的。

- 若電梯裡有陌生人奇裝異服，渾身鼓鼓的，或戴太陽眼鏡，手中提著詭異的袋子，您最好不要與其同行，如此裝扮者，歹徒成份居多。

- 有些電梯停奇數樓，有些停偶數樓，有些電梯四樓以下不停…等，搭這種電梯要特別注意，當您接駁安全門，取道公共樓梯間時，注意有無歹徒埋伏。

⑤習性

- 發生危急狀況，立刻報警。平常就記下附近警局電話。發生竊盜、凶案時，除立刻報警，也應力求事件現場完整，保存可採集的證物，並迅速疏離不相干人員，以利警員辦案。
- 若竊盜情形嚴重，除報警外，所屬保險公司也要立即報備，以利日後理賠。
- 搶匪闖入店頭或銀行行搶時，不要逞英雄硬拼。搶匪在狗急跳牆時，是不要命的，您何必捨命相陪，建議您趕緊躲到安全的角落。目前已有些店頭或銀行與當地警局有直接連線，可找機會按下隱藏式警鈴，通知警方。
- 注意工作環境是否安全，高危險的工作環境，較容易出事。如是否位於治安混亂地區，是否在人煙稀少地區，或移工特別多的地方等。
- 名氣大的門市附近，是歹徒放置爆炸物地點的最愛。就職時，不妨了解一下，公司的保全工作做得夠不夠徹底。
- 下班時或從公司外出洽公時，一定要養成上自己車前，先查看後座的習慣，有些歹徒會埋伏車中，襲擊車主。
- 當有人要修理公司水電、器材時，在他們進入辦公室以前，先確定身份。
- 有陌生人進入公司時，要提高警覺，立刻盤查觀察，避免讓生人任意進出。

- 如果您有最早進公司或最後離開公司的習慣,最好讓大樓管理員知道,以防突然被斷電而身陷電梯裡,或被反鎖在裡面求救無門。
- 信用卡或愛車鑰匙,不要任意擺在辦公桌上。
- 負責公司財務者,每月對外付款日、發薪日須提高警覺。盡量請公司利用電匯方式付款(以郵局每筆平均只須 30 元匯費而言,對雙方都是經濟實惠的)。提領較大金額時,若找不出同事相陪,不妨先照會附近警察,請他們護航。銀行門口通常在每天固定時段,都會有運鈔車要載運大量現鈔,如果您經常選在這個時段辦事,很容易誤撞歹徒行搶時刻。
- 銀行派駐警員個個配戴槍支,往往是歹徒的攻擊目標。在您出入銀行時,盡量遠離這些警員。
- 如果遇搶,先冷靜面對,保命為要,在歹徒逃逸之前,務必認清搶匪的特徵,以提供警方線索利於破案。
- 如果您目擊搶案過程,出面指證固然是好事,切記不要在媒體曝光,以免歹徒伺機報復你,僅讓媒體拍背面或要求媒體以馬賽克處理臉部。
- 以下為逆向思考,低調提領鉅款方法:
  1. 以腳踏車為交通工具
  2. 穿著像樸實的管理員
  3. 以菜籃或小帆布袋為道具
  4. 電擊棒與辣椒水侍候

  ＊請您在對外付款日時,著一身平凡百姓的裝扮,提領鉅款後,

立刻放到小小髒髒的帆布袋中，然後放在腳踏車前方的鐵籃裡離開。當然，在進出之前，也要同時留意銀行門口的閒雜人等，提高警覺心。如果回家路途遙遠，還是央請警察開車護送你返家。

⑥老闆

現代老闆難為，員工對薪資不滿，他們就扔雞蛋，假日不給休，他們就綁白布條抗議，斥責幾句，他們就到立法院抗議。如果我真是企業大老闆，還真擔心哪天被員工綁架勒索！美國的雇主好當嗎？據一份美國工商業調查白皮書發現，他們的問題更大，每年至少有18%以上的公司倒閉，是因員工施暴、偷竊等犯罪事件所引起的。美國商務部勞工局作過一項調查發現，在所有聘雇員工中，至少有55%以上受訪者回答：「的確，我在公司裡偷過公物，也偷過他人私物！」更可惡的是，有些員工在偷了公司原料、物料、成品後，將它們轉賣牟利，而此項就佔總竊案的50%以上。老闆因一時不察時，中了女部屬的仙人跳，占2.7%以上。

從以上數字，已明白告誡企業主，只要企業存在一天，老闆的危機與風險，永遠如影隨行。不論您的危機，是來自外部的竊盜，或是內部員工的暴力脅迫，您都可以從多方面事先預防，如：
1. 電腦犯罪
2. 職場犯罪

3. 搶奪犯罪
4. 綁票犯罪
5. 偷竊犯罪

以及其他諸多型態是身為雇主的您不能忽視的。防禦之道如下：

- 在公司電腦裡，裝設電眼或錄影監視設備。
- 電腦室裡最好將所有員工的「背景」，在徵聘進來之前調查過濾清楚。
- 電腦室或所有電腦相關器材，設定下班後即完全暫停狀態，防止員工或外人入內行竊。或將 UPS 不斷電系統稍加改裝，讓它在非上班時間不供電。
- 備份檔案最好擺在保險箱或密室。密室的 password 只有主管可以知道。
- 防盜拷檔案裝置是最基本的防範之道，絕對有必要事先在主機中安裝。
- 嚴格規定非相關人員不得進入電腦室。
- 對於已設定的相關軟體，除非經過相關部門主管認可，否則不能任意刪除、更改，以保護公司資產。
- 徹底教育電腦部門人員任何安全防禦措施，並聲明若有任何侵犯行為，必將訴之法律嚴懲。
- 定期請專家或專業公司幫您作資安防禦工作。

＊有備無患

有一句台灣諺語「飼老鼠，咬布袋」，其意思與員工偷竊公司財物頗為相似。其大意指，老鼠對有心留牠生路，供其食宿的主人，應心存感恩才對，卻反而恩將仇報，以利齒破壞主人的東西。

下列例子，可給予有意要偷竊公物者作一警惕。我十歲那年，突見表姊傷心地回家，經祖母詢問後才知，表姊夫將公司的零件偷回來，未料，一到門口立即被警方攔截搜身，罪證確鑿。事後雖未被法辦判刑，但從那天起，他失業了，更糟的是，直到過了二、三十年的今天，他還是找不到工作，因為新雇主都會詢問原來的東家，其過去的工作情形，然而過去的「案底」，即使他不在意薪資多寡，新雇主還是謝絕了。

只為貪求蠅頭小利，卻受傷害到如此深遠，所以偷竊公物，值得嗎？以下是我親身遭遇的例子，當年擔任行銷企畫部主管，每天從早忙到晚，幾乎無暇輕鬆坐下來。某天下午，一位部屬突然發現部門裡商品櫃的樣品少了，經過仔細盤點，確實少了十幾件化妝品，值數萬元。公司外走廊有保全人員，樓下也有管理員，保管者又有鑰匙，東西怎會不翼而飛？事後與上級暗查，仍是不了了之。如果您是雇主，如何防範諸如此類的事情發生呢？

• 若公司發生竊盜事件，立刻報警處理，盡量保持現場完整。損失

輕者，仍要給員工「查訪壓力」，以遏止再犯。損失重大者，也應在毋枉毋縱的原則下，查個水落石出。

- 據了解，近年來許多公司在招考重要幹部時，都會事先透過各種管道將對方背景徹底查明，以了解其信用度、忠誠度。身為雇主在聘用新人時，最好不要省略此手續。

- 有些公司則硬性規定主管一定要最後下班，以杜絕不幸事件發生。

- 可以明定一些合理的規章，例如只要公司因員工引起之竊盜損失，則主管須賠償 50％，其餘 50％ 則由部門員工分攤。此法有殺雞儆猴之效，也能促使大大家提高警覺，以減少此類事件發生。

- 盡量將公司的進貨、出貨倉庫分開管理，如果兩者混合存放，很容易讓竊賊有下手的機會。

- 特別留意那些最近經常缺錢，老是向同事借貸者。

- **公司應多關心並了解會計及出納的經濟狀況，可避免因會計的私人問題而發生虧空、竊占等不幸事件。**

- 如果公司有規模不小的郵購部門，最好專業分工各司其職。包括接訂單、統計訂單由一專人負責，成品包裝、黏貼標籤亦有專人負責，再由第三人負責跑貨運行、郵局等。雖人工成本較高，卻能有效防止一人「一手遮天」的缺失。

- 員工休假期間，往往是防微杜漸的好時機。財務人員、資料處理人員休假時，很容易從這空檔中，檢查出不法行為。

- 只要是屬於公司的財產，不分大小、不論貴賤，統統貼上公司標

籤（或印章標誌等）。

- 嚴禁員工代簽到、打卡等行為，防止弊案發生。

- 我之前一家公司，當時發生一件怪事。廠裡營業部表示，他們每月盤點存貨時，很少有數字正確的時候，不是這個月多出十幾打的醬菜，就是下個月少掉上百打。當時，我嚴肅指出廠裡一定有內賊，最初他們不以為然，後來經過兩個月的查證，果然發現是業務員一箱一箱地偷了回家。因此「多了，不必高興；少了，要提高警覺」這的確是經驗之談。

- 建議雇主定期將樣品「銷毀」。即使是沒用過的全新商品，照樣壓碎處理掉。其因素是，若這些樣品不小心流入市面，而在國內出現類似品、仿冒品，勢必會影響報價。再者，萬一員工偷偷拿到市面上賣，賺了一筆橫財後，必定會繼續覬覦這非份之財，而影響公司貨品的安全問題。因此寧願大膽銷毀以斷絕後患。

- 雇主也可訂立「租借公物」的遊戲規則。如員工家裡需要，可將公司傳真機租回家數天使用。如果公司有雅量允許員工租借公司相關工具，可能員工就就不致淪於偷竊了。

＊眼觀四面

據一位與我熟識的文具店老闆表示，他的店裡幾乎每天都會逮到雅賊。有的雅賊年紀不過四、五歲而已。不可思議吧！一次，他發現一位國小女生偷文具，立刻找她家長領回，不料女孩家人皆不

在，於是老闆就帶著這位小朋友到她家，準備等她家人回來展開控訴。未料，女孩在情急之下，紅著雙眼自動帶他進她房間檢視「戰利品」。房間裡竟有三個小布袋，袋裡塞滿了原子筆、橡皮擦、漫畫書、筆記本…等數不完的東西。女孩在認錯後，更坦誠了這些年來的「戰利品」都在袋子裡面。文具店老闆傻住了，他蠻後悔的，後悔為什麼自己從來沒有仔細觀察過。

聽完他的描述，我一時難以接受這個事實，直到老闆拿出小女孩的悔過書後，仍是很疑惑！如果您是商家老闆，要如何將失竊風險減到最低呢？

- 獎勵員工抓賊。凡破獲竊盜者，公司即當場頒發檢舉獎金。
- 裝設電眼錄影存證，以防止竊盜者狡賴或被其家屬反咬一口。
- 服飾店裡的試衣間往往是竊盜者「金蟬脫殼」的好所在。要求店員多加留意，並觀察客人試穿前後是否一致，避免他伺機偷天換日，將身上原有衣物擺在不起眼的地方，而穿著新衣離開。
- 試衣間最好位在店員能注意到的地方，避免設在「後門」或容易進出的點，讓竊賊方便開溜。
- 在賣場醒目之處張貼「告示」。如「X 年 X 月 X 日，XXX 因偷竊本公司 XX，送警後依法判刑 XXX。」等文字，或在告示旁加貼竊者的悔過書，對上門的客人具有警示作用。
- 盡量要求店員在拿樣品給客人看時，不要同時拿好幾樣，一來容

易混淆，二來容易讓客人「順手牽羊」。

- 不論客人打扮得多高貴華麗，教店員永遠目不轉睛地注意客人的「小動作」。
- 盡量讓信用卡刷卡機遠離客人視線可及之處，以防止非持卡人在看到持卡人的卡號後，產生非份之想，轉而向其他商家以郵購方式，詐得不法利益（郵購公司通常在電話中取得信用卡號碼、持卡人姓名和有效期限後，就正式受理，並如期交貨）。

＊魔高一丈

值得注意的是，現代竊賊的 IQ 愈來愈高了。身為老闆不能再以傳統經驗來看待它了。有些人愛偷，完全出自情緒發洩。有些人愛竊，純粹是為了想不勞而獲或一夕成名。如台中某銀行遭竊，宵小事先在該銀行隔壁用土法鍊鋼法挖秘道，以竊取銀行保險箱內的財物、槍支、房地契等。當警方宣佈破案後，其中一名歹徒表示其目的就是希望藉此成為家喻戶曉的人物。怪嗎？恐怕是少見多怪罷！儘管大家都認為「道高一尺，魔高一丈」，總以為歹徒難治，但是如果能做到以下重點防禦，還是可以降低竊盜風險。

- 效仿超商的作法，每晚收銀機現金不超過 1000 元，或將傍晚之前的收入，立刻匯入銀行帳戶，交給總公司。即使歹徒上門，可搶的現金依舊有限。

- 既是零售店，就不要收支票、本票、客票等，只收現金，對於信用卡的交易仍須十分謹慎。

- 請每天最晚下班的員工，仔細檢查所有門禁，並確認沒有人躲在廁所、廚房、地下室或樓梯間等處冉離開。總之，當搶劫、偷竊等不幸事件發生後，無論如何要保持冷靜處理之，處理原則為：
  1. 趕緊撥 110 報案。
  2. 如果發生失竊，須立刻通知所屬保險公司，請他們過來了解情況、拍照存證等。
  3. 保持現場完整，避免遭人破壞，以利日後警方查訪。
  4. 檢討事件發生原因，並積極改善。
  5. 萬一員工因竊賊闖入遭襲擊受傷，雇主有義務給予多方照顧或補償。

　　無論您是頭家還是職員，都要牢記「小心不蝕本」（台諺：喻凡事謹慎，就能逢須凶化吉之意）的處世格言，準沒錯。

CHAPTER 5

· 第五章 ·
居家防禦

　　家，像一座城堡，夜以繼日的捍衛所有成員。

　　家，她的尊嚴，神聖不可侵犯，邪靈都無法戕害它。

　　家，也是一個溝通心靈、儲備活力的地方。如果做好居家的安全防禦工作，讓家人身心受到周延的保護，家將永遠是甜蜜溫馨的。

　　您愛您的家人嗎？

　　如果是，請從居家安全防禦作起罷。

　　為了完全保護家和成員的生命尊嚴，以下的多項建議將能緊密地構築成防護網，讓您的家人住得更安心無慮。

　　那你會做辣椒水嗎？如果不會，那就買支電擊棒以備不時之需；歹徒何時會趁你睡得香甜時，破門而入，我們都無法事先得知。

　　如果你平常出入都是名車代步，小孩一身名牌裝扮；很可能府上早被宵小與歹徒給鎖定了。

　　危險呀危險！

①平日

- 為安全起見，應飼養大型的狗來嚇阻宵小，至於觀賞把玩類型狗，恐怕就沒那麼管用了。
- 屋內或窗戶邊邊加裝感應器，有人破窗闖入室內，警報器就響，提醒主人要小心。
- 可能的話，跟警局保持連線狀態（通訊器材行會幫你處理）。
- 庭院加裝簡易一圈圈鐵絲網，或簡易型拒馬。讓宵小死了那條心。
- 大門口信箱要常清理，否則信箱塞滿傳單郵件時，容易被判定全家外出旅遊，反而讓宵小有機可趁。
- 外出參加聚會時，也須將客廳或房間燈點亮，避免全暗情況下，讓歹徒大膽闖入。
- 外出時特別注意四周有否不明車輛或機車停靠著，如果有，證明已經目標遭人鎖定了，最好暫時不要外出，立刻打 110 報案。
- 如果發現警衛常打瞌睡玩手機，老是不忠於職守，建議快點換掉保全公司。
- 注意紗窗有否破洞，避免病媒蚊闖入傳播病菌。
- 加裝瓦斯防爆器。一旦瓦斯管破裂或火爐損壞，都可能釀大禍。
- 避免開門與任何推銷員在大門口對話。
- 電線使用超過 15 年，立馬更新，以防電線走火，毀掉家園。
- 若庭院有魚池，需常保持水流動，避免成一灘死水，孳生蚊蟲。
- 大門信箱材質以木頭為安全，往往一些鐵製或不銹鋼材質，在拿

出信件時，會割傷指頭或手掌。

- 庭院地板應用止滑地磚，防止家人或訪客在下雨天不慎滑倒。
- 浴室最容易讓人滑倒，須改鋪防滑磚。
- 浴室門口沒購置吸水踏板的話，也最好放一塊大布墊，防止洗完澡，走出時，不慎滑倒。
- 電線延長線不能將所有插孔都插滿，萬一超過負荷電量，很危險。
- 電視加裝保護鏡片，避免發生爆炸時，碎片會炸傷家人。

②廚房

- 用瓦斯煮菜時，務必打開門窗，讓空氣保持流通，最好不要同時開冷氣，密閉空間非常危險。
- 燒菜當中，爐火正旺，絕不要因看到蟑螂爬行，或蚊蟲纏著你不放，而拿出殺蟲劑往他們身上噴、會引發氣爆、要特別謹慎。
- 燒菜當中也不能同時拿出麵粉袋，當著瓦斯爐面前抖動，非常危險容易產生爆炸。
- 有關烹飪教學影片很多，固然方便從中學到很多好方法，不過那些手藝高超主廚切菜俐落快速功夫，人家可是精煉數年才能有此成就，你不要學著影片裡切菜神速，自己跟著快切起來，容易受傷。
- 在料理時，能用單一來源製成的油品最佳。部分調和油製造商所產出油品，其品質比較容易令人擔憂。

- 瓦斯爐嘴很容易堵塞，甚至造成點不然糟糕情況；這時盡快關掉瓦斯開關，拿牙籤，一個洞一個洞戳通就可以。不要明明點不然，拼命開又關又開，很危險。

- 用過餐後，很多人習慣將油膩碗盤直接泡水，沒有立即清洗，這樣容易滋生細菌，必須小心不要浸泡在水中。

- 經常以燒開的水，去沖廚房或浴室裡排水孔，避免蟑螂等髒兮兮的蟲蟲跑上地面，到處爬行。

- 瓦斯爐的火需特別小心，不要因手機或門鈴響了，你就去接電話或接待客人，卻忘掉爐火沒關持續燒著，容易出事。要接電話時，最好先關掉瓦斯爐火。

- 滅火器幾乎家家都具備，但危急情況時，如何不慌亂正確使用它達到滅火效果，平日就需勤學，以備不時之需。

- 大小家電使用過幾年後，插頭地方容易生鏽，務必以小刀刮去汙垢，才不會有短路情形發生。

- 廚房大小刀最好用烘乾後，放在櫃子裡，萬一歹徒闖入，可能荒亂中持刀行兇。

- 廚房抹布最髒不過，每隔幾天最好要拿出去曬太陽殺菌，避免長年溼答答，沾滿一堆細菌。

- 將 ok 繃盒子，直接掛在廚房牆壁上，萬一切菜受傷，馬上可包紮，免得一時亂了方寸，遍尋不著。

③ 網路

- 上網找拍賣商品或跟一般平台訂購高單價商品，都需防詐，最保險方式找商譽優良平台，或者是獲得最多正面評比商家，比較安全。

- 習慣進入色情網站尋求刺激網友需特別小心，幾乎這類型網頁，都被下毒；電腦即使沒當場掛點，可能兩三天後就會發作，不是吃掉你辛苦建立檔案，就是讓網頁卡卡的，拿去解毒到好，最少都要在 2000 元。

- 交友平台宣傳文案其實都滿動人，上頭總是放了很多俊男美女照片來吸引網友付費，不過這類型 app 多半放上不真實照片，更令人不解的是，往往同樣一張大頭照會被冠上 5、6 個不同的 ID，然後每張照片都以繪圖或編輯軟體修飾得非常漂亮，也可能當網友互相約會見面時，發現對方外貌竟然有天壤之別，而大呼上當。

- 對於剛聊天沒幾次就要求對方匯款者，不要大方就匯錢過去，通常被要求匯款理由不外家人生病，自己出車禍，學費沒著落等居多。

- 免費試用就像包著糖衣炸彈，容易讓人因而破財。比方一些防毒軟體公司會假好心，提供免費試用 30 天作誘餌，在你註冊完成，填上信用卡個資後，往往在沒 30 天到期之前，它就提前扣款（強制續約），最好提防這類型假好心未爆彈。

- 在公共區上網完畢，務必做帳號登出動作，以免個資等外洩。
- 所有登入密碼都須定期汰舊換新，以策安全。
- 如果擔心同事可能偷偷使用你電腦，想竊取資料，你可使用加密軟體，讓資料不至於遭竊。
- 如果是極機密資料，就必須使用碎紙機類型 app，將檔案整個完全摧毀，不留任何蛛絲馬跡。
- 為了保護眼睛，上網瀏覽時，每隔兩小時就須讓眼睛休息起來活動筋骨。

④外傭

- 家裡重要金飾或錢財不要亂放，易引起外傭犯罪。
- 外傭長時間照護家屬必然也會產生壓力，應該每個月讓她有一次休假，避免壓力無法釋放，而情緒失控，或乾脆逃跑求解脫。
- 嚴禁外傭私自上網直播或當起賣家，賣東西賺錢，會影響到照護家人工作效率。
- 要不定期對他實施照護考試，是否熟悉抽痰化痰，偵測血糖方法正確嗎，以免在家人危急時刻，幫不上忙，壞了大事。
- 嚴禁外傭帶好友回家睡覺，避免財物因而失竊。
- 如果願意借錢給她，準備雙語版本借據，讓她簽字畫押，避免日後翻臉不認帳。
- 借給外傭金額最多不要超過一個月薪資，不然日後會造成還款困

難堪尷尬情況。

- 外勞證件依法是她自己要保管，雇主或仲介公司都不能假借任何名義，強行代管。

- 外傭多數是穆斯林，他們不吃豬肉，不要逼她們，避免因此吵架或生恨，甚至從此種下心結。

- 有些外傭天生麗質身材姣好，也因此容易引起雇主或被照護者家人非分之想，如果雇主已經結婚，想來個偷吃，就算外傭沒對外張揚，一旦被老婆發現，可能因此挨告。如果外傭自始至終都拒絕雇主或家人魚水之歡，雇主還是想霸王硬上弓的話，就會吃上性侵刑事罪，不能不謹慎。

- 所有外傭都須定期接受健康檢查，一旦發生有法定傳染病如肺結核或阿米巴蟲感染等等，雇主就得注意要求複檢，並讓外傭繼續服藥追蹤；如果病情沒好轉，就須遣送她回國。在這段尷尬期內，雇主還須提防一些病菌可能在家中傳播，影響到家人健康。要特別防患或做適度隔離，避免跟他共用浴室或用餐。

- 同樣地，如果雇主是承接別人的外勞，就需特別留意她是否有感染肺結核，相關資料可以先問仲介公司，或直接問疾病管制署，都可經由其護照號碼或居留證號碼，問出實際狀況。追蹤結果如發現她是服藥中，那就特別留意其生活起居，盡量不要靠近她。避免受到法定傳染病感染。

⑤車庫

- 進出車庫時，留意四周是否出現異況。例如不明車子停在暗巷，或近日常有不少人坐在某處朝您府上看，這些都是宵小的暖身動作。

- 在車庫清潔保養汽車時，不論您是彎腰洗車還是檢查胎壓，務必朝著車庫門口方向。如果您忽略了，很容易被歹徒趁機從背後潛入威脅。

- 一般人常犯的致命錯誤是，出門時在車子發動後發現東西忘了帶，於是讓車子引擎持續發動著，人進屋拿東西，這無異是敞開雙臂，讓歹徒長驅直入。

- 在車庫裡或不鏽鋼門邊，裝置感應器 Sensor 或攝錄影機，作全天候監控。

- 如果車庫裡的通道可直達住家樓層，要記得時時刻刻將通道門上鎖。

- 如果住大樓，須嚴防從電梯出來後，到停車位的途中被人埋伏跟蹤。

- 在地下室停車場遇到歹徒，不妨使勁踢碰所有停靠車輛，觸動警報器大響，使其如大樂團般，讓上百種樂器同時發生巨響，嚇退歹徒。

⑥大門

- 家裡電話旁貼上發生緊急狀況時的連絡電話，如家長（子女）公司、鄰居、派出所等電話，以利小孩或老人迅速獲得支援。

- 如果擔心家人無法及時找到您，申請行動電話，家人就能很快找到您。

- 交代小孩，大人不在家時，若有人按鈴推銷故事書、玩具等東西時，一律回絕，並堅不開門，以策安全。

- 回家後，立刻讓手機呈「待機」狀態（要常檢視電池電量是否充足），並隨身帶著，入夜就寢時亦然。當歹徒闖入，剪斷府上通訊線路後，這時手機就可撥 110 求救。

- 家裡是否常接到一些「打錯」的奇怪電話。這些訊息絕大部份是宵小「探路」的技倆，如果經他們抽樣發現府上唱空城計時，可能立刻串門搜刮一空。

- 碰到不明公家機關人員來電或登門時，以公務為藉口，要求進入家中查看電表或水表時，務必先確定對方身份。

- 我曾聽過一個案例，有位小學生放學回家，接到一通電話，說是查戶口，並問小孩的爸媽是否在家，小孩不疑有他，準備好文件等對方查驗，不到五分鐘那名男子出現了，一身警察裝扮，一進門就四處張望。剛好當天小孩的父親提早下班，要求對方拿出證件，對方見事蹟敗露，立刻逃走。若非不是該父親及時回家，後果真不堪設想！

- 如果請陌生人（如保險經紀人、送貨員等）回您電話或到府上，務必在約定時間內等他，如果讓對方撲空，無異是告訴對方現在正是闖空門的好時機。

- 家裡有答錄機者，最好不要讓答錄機儲存過多的留言，否則易被宵小發現您已外出很久了。

- 如果夫妻倆準備晚上出去喝喜酒，不妨交代傭人或小孩回答來電：「我爸媽正在忙，待會兒請他們回電。」不要一五一十回答：「他們去喝喜酒，可能十點後才會回來。」

- 單身女子不要隨便留電話給別人。歹徒可能在知道您常落單後，循線查到地址，而騷擾您或伺機性侵。

- 接到騷擾電話，什麼話都不用說，立刻掛斷。

- 當騷擾電話愈演愈烈時，買一台密錄機監聽，並報警（這類器材在一般電訊器材行均可買到）。

- 如果騷擾行動還是持續發生，立刻向電信局申請改號，或到一般通訊器材行添購密碼鎖防禦（一只約 1800 ～ 3000 元），或改裝電話答錄機過濾電話，或購買「變音器」，使自己聲音可任意變化（如小 baby、粗野女人等），讓對方放棄騷擾念頭。

- 通常從大門的材質、色彩、造型等細節，可看出主人的財富狀況，不論您家的大門多堅固，仍應注意隨時鎖上，防止他人侵犯。

- 有些職業小偷在勘景後，會在人家門口做「記號」。如以紅蠟筆打個三角型，或貼貼紙。然後以秋風掃落葉方式「掃街」、「掃巷」，光顧整排住戶。因此，要隨時留意家門口是否多了莫名的

「附加物」，有的話，趕緊撕掉。

- 晚間倒垃圾時，隨手關上大門，切勿認為只是出去幾分鐘，忘了關門而遭竊，而損失慘重。

- 將大門鎖換成更堅固、更耐用的名牌鎖是有必要的。千萬勿為省些小錢，而忽略呵護全家的門鎖，豈不本末倒置！

- 在設計打造家的外牆時，固然要考慮到美感（如低矮牆，或根本無牆），但安全感也不能忽視。矮牆雖美，但安全性低，尤其入夜後，家中的任何動靜，由外向內窺視一目瞭然，「敵暗我明」安全嗎？

- 木頭門不及鐵門堅固，鐵門又不及鋼門耐用。

- 有兩道以上大門會比單門安全些，如第一道為外牆門，第二道為廳門，第三道為玄關門。至少歹徒侵犯時，不致快速入侵，您還有機會一道一道防守。或馬上 call out 請求援助。

- 大門邊裝設警報感應器 Sensors，只要歹徒一觸碰，警報器即刻響起。

- 為了讓歹徒不易進門，大門鎖不妨增加到兩、三個以上。

- 天窗往往也是歹徒容易破壞入侵之孔道，加裝感應器或配上堅固鎖是有必要的措施。

- 無人在家時，窗戶最好鎖緊，並加一層不鏽鋼外框防護。在加裝外窗後，也要經常檢視逃生口是否有腐鏽不堪使用的狀況。

- 很多公寓的門窗是透明玻璃材質製作的。改成暗咖啡色系，可增加居家安全性（這種暗色玻璃由內而外看得很清楚，外面卻無法

看清屋內）。

- 浴室窗口往往是好色之徒覬覦的地方，尤其是單身女子，在這些關鍵地方裝置感應器報警系統是絕對必須的。

- 一般人都有打開家門就馬上取出信箱郵件的習性，並隨手一一翻閱。這樣是不妥的，歹徒很可能利用這個機會，偷襲或潛入侵犯。

- 如果老公載您至家門口，您先下車，哪怕老公找停車位只須三、五分鐘；在您進門時，還是應立即關上大門，不給宵小任何侵犯的空隙。

- 如果大樓雖有管理員，但信箱位置離大門有一段距離，當您取信件時，要特別注意旁邊是否有不明人士鬼鬼祟祟地注意您。

- 搭電梯回家時亦復如此，要眼觀四周，走出電梯時，稍注意電梯口附近是否有陌生人徘徊。

- 雖然市政府明文規定，防火巷安全距離必須維持三公尺以上，住戶不得違規使用防火巷空間。但並不表示遵守此規定，就不會遭宵小光顧。可能的話，與防火巷的所有屋主協議，在巷口兩邊作二道鐵門，平常關著，若遇火警，門隨即打開，既不影響消防工作，又可防禦宵小。實為兩全其美之計。

- 入夜後，盡量打開屋內所有的燈。如果僅有客廳燈亮著，而房間暗著，歹徒很容易由房間摸黑侵入。

- 晚上外出，仍應打開屋內照明設備。豈非誠實地告訴歹徒：「我們不在家，歡迎光臨！」。為省下區區電費，卻招來樑上君子，當然是得不償失。

- 有不少公寓樓梯間照明非常陰暗。光線微弱的地方，易被歹徒趁虛而入；讓樓梯間光線充足是有絕對必要的。

- 如果您住的是連棟透天厝或整排公寓，您家與左鄰右舍間最好加裝防爬越裝置。避免宵小偷完隔壁後，接著又翻進您屋內大肆搜括一番。

- 家家戶戶都有一塊戶政單位發的門牌號碼。門牌位置最好保持光線明亮，遇緊急狀況，求助於警政、消防單位時，他們就不用摸黑花時間找了。

- 可請保全器材行在府上加裝幾個針眼攝影機監控，讓歹徒無所遁形。

- 即使晚上就寢後，不妨也讓走道燈亮著，或打開房裡小夜燈。從外看來，歹徒難以判斷您是否就寢了。

- 當發現屋子附近有異況時，不妨立刻取出錄好狗吠聲的錄音檔播放（有兩種以上狗吠聲較具效果），以嚇退歹徒。

- 晚上就寢時，最好將私人支票、存摺、信用卡收好，避免為歹徒盜竊。

- 有價值的東西最好不要擺在一塊兒，應注意風險分散原則，與投資股票的心態是一樣的。

- 當按鈴者的聲音是陌生的，或意圖不明時，盡量在對講機中把對方打發走，避免讓歹徒有面對面威脅機會。

- 如果有陌生人要求讓他進屋內撥電話給警察局，該如何應對？較妥當的方式是，先讓他在外面等一下，由您代他撥電話找警方。

請他進來或拿手機給他都有風險。

- 當您一個人在家，而不得不請人到府上修理東西時，盡量製造一些「大家都在屋內」的聲音，如打開客廳電視機或房內收音機等，讓對方不致臨時起意。

- 一般旅館房間門上，都加裝了鍊條的裝置。當有人叩門時，只須稍打開門縫，人依舊擋在門外。不過據了解，95％的住家大門都沒有這種緩衝防禦裝置。還沒裝置者，趕快行動吧！

- 如果您出外採購回來，東西非常多，最好請家人出來幫忙一次提進屋子，避免自己一袋一袋多次提進去，讓歹徒有機會躲進您的車子或屋裡。

- 不要在大門留下任何紙條，如「爸爸會晚一點回來」等，容易招來宵小。

- 有些家庭會將鑰匙藏在門口固定隱密處，其實這些暗處對竊賊而言，早就不是秘密了。他們很容易從這些地方找到鑰匙，成為您家的不速之客。

- 家裡沒人時，最好將電話的響鈴開關切至「off」。否則當電話進來響個不停，歹徒便知機會來了。

- 千萬不可有：「只要把大門鑰匙、車鑰匙貼上電話號碼，即使遺失了，也不怕找不回。」的天真想法。如果拾獲者是歹徒的話，豈不是「引狼入室」?!

- 所謂「遠親不如近鄰」，因此和您的鄰居達成守望相助協議吧！並盡量將一些異況知會左鄰右舍。如果他們願意回饋，自然您府

上就有更多人幫您監看了。

- 當您返家時，若發現門口或附近突然多了一、兩部不明機踏車或汽車，先別急著開門，看清這些車輛確實非歹徒的交通工具後，再進屋也不遲。

- 如果一進門，發現原來關好的玄關門、房門都被打開了，立刻退出家門，盡量保持現場原樣，以便警方探查、採指紋。不要破壞現場證物，更不要貿然進入，以免驚嚇歹徒與您搏命。若確定歹徒已離開，在不破壞現場狀況的原則下，您可先行拍照存查。

- 當進門時家裡一片凌亂，不要慌張，立刻報警處理，如果有保竊盜、意外險，趕緊通知保險公司前來拍照存證。

- 當發現提款卡、信用卡不翼而飛時，立刻作掛失聲明，以免竊賊以最快的速度提出現金。

- 竊賊通常都是「食髓知味」，也擅於打心理戰。這些歹徒利用人的心理弱點，在受害者認為歹徒作案後不會再度上門的想法之下，必定鬆懈防禦，而再次出擊。有鑑於此，為防止受到二度侵犯，發現遭竊後，立即作「亡羊補牢」動作，避免損失再度擴大。

- 如果您住的是公寓，在大門進出者頻繁的情況下，不妨在自己的大門裝置「鎖孔透視鏡」。雖然嵌在門上有點俗，不過當您想確定門外是何人時，它可就幫上大忙了。

- 單身女子在外租公寓尤其要特別注意三件事：

  1. 盡可能換掉大門門鎖、屋內第二道門鎖、房間鎖。因為屋主老不老實、前任房客是否有不良意圖，我們都不得而知。

2. 若電話與他人共用，在自己房內裝密碼器，可防止不必要的騷擾。

3. 注意房間內、浴室內、廁所內是否被按裝針孔遙控錄影機。

- 單身女子避免在房間窗戶旁或公用浴室裡更衣。

- 臥室裡有手機（待機狀態）較安全。至少在危急時，不怕電話線被剪斷，可立刻撥 110 求救。

- 有一則綁票勒索 3000 萬的新聞，為女主人在維修工人到府維修時被「盯」上了。當修理工人知道女主人家境非常富裕，數天後，主動以修護冷氣為由，進入婦人的家，將她綁架，載入荒山一陣霸凌。接著再向其家人勒索。幸好女主人逃回山下求救，保住性命，沒有釀成悲劇。而歹徒之所以能輕易入屋的理由是「妳家冷氣壞了，我免費幫妳修」就這麼簡單。所以提醒讀者，對於維修人員荒腔走板的騙術，要提高警覺。

- 單身女子倘若遇人上門要求借電話時，應回絕之，避免讓歹徒臨時起意或預謀迫害。

CHAPTER **6**

暴徒防禦

過去，只有電影上，才能目睹一場驚心動魄的警匪槍戰大戲。

從何時起，突然自己搖身一變，竟成了片中的受害者，成為恐怖份子挾持的主角。

要如何遠離恐怖片的一連串夢魘？

自「組織犯罪防制條例」頒布後，雖然國內確實已有 41 個不良幫派組織和 1,261 位幫派份子已於 1997 年 2 月 12 日完成登記，並在各地警察機關宣誓脫離犯罪組織。

即使已有部分幫派分子真心悔改，一心向善，但仍有其他未脫離幫派的份子遊蕩於我們生活的四周，可能危及社會的治安。

現今社會上充斥著暴力事件，多出於現代人精神壓力大，也因此容易衍生出一些暴力傾向的社或邊緣人，除此之外，幫派分子或恐怖分子，也是社會治安敗壞的禍端。然而只要暴力事件問題存在的一天，社會暴力現象就不可能完全消弭，每個人都可能是潛在的受害者如何學習保護自己，是刻不容緩的必修課題。

①炸彈

「恐怖份子」（Terrorists）和「幫派份子」的定義，還是大不相同的。通常恐怖份子的行動是比較「國際觀」的。而幫派份子大部份的報復對象仍以其他幫派為主。

恐怖份子往往用放毒氣或炸彈施暴，如真理教教主麻原彰晃一手策劃的東京地下鐵毒氣事件，以及 1993 年美國紐約世界貿易中心的不幸事件，演變為「報復政府」，或國際性抗爭行動。而幫派份子尋仇對象，則偏向利益衝突，或地域上的私人恩怨。

根據美國國務院的「全球恐怖份子白皮書」顯示，近幾年來，國際恐怖事件平均每年發生 1000 件以上。各地發生件數多寡依序如下：
- 中東國家和非洲地區
- 亞洲國家
- 西歐
- 拉丁美洲和美國本土

其中，中東國家和非洲地區，平均每年至少發生 500 件以上，佔全世界總件數一半以上。這些破壞力驚悚萬分的「全球 15 大恐怖組織」如下：
- 西班牙－ETA（巴斯克祖國和自由組織）

- 英國－IRA（愛爾蘭共和國軍隊）
- 法國－立即行動組織
- 義大利－紅色軍團
- 巴勒斯坦－解放軍
- 斯里蘭卡－他米爾獨立解放軍
- 菲律賓－摩洛尼族解放戰線
- 伊拉克－庫爾特解放組織
- 敘利亞－伊斯拉野爾
- 南斯拉夫－南斯尼族解放軍
- 德國－涅澳納粹黨
- 日本－日本紅軍
- 瓜地馬拉、哥倫比亞－左翼份子
- 秘魯－光明大道
- 阿根廷－人民革命軍

以上型態截然不同的恐怖組織，經常製造事端，給當政府惹麻煩。對於經常出國的讀者，不能不嚴防遭異地恐怖份子的池魚之殃。這些高風險地區如下：
- 蘇丹
- 尼加拉瓜
- 阿富汗
- 古巴

- 秘魯
- 敘利亞
- 北韓
- 坦桑尼亞
- 伊拉克
- 宏都拉斯
- 巴拿馬
- 波蘭
- 牙買加
- 匈牙利
- 越南
- 奈及利亞
- 玻利維亞

以上國家地區，都是要特別提高警覺的。

除了避免與當地人談相關政治議題外，防禦方式如下：

- 最好與夥伴同行，一齊外出、用餐、同宿，萬一事故發生時，可以相互照應、脫困。
- 不要將私人文件或個人資料遺忘在下榻飯店，以確實防止歹徒循線施暴。
- 要叫當地計程車，最好透過下榻飯店的介紹。注意，不要每次都叫同一部車，以防他們見財起意。出飯店大門前，務必隨身攜帶

有當地警政單位、消防單位、醫院等聯絡電話的「緊急電話簿」。

- 對當地人莫名的友善舉止，例如要招待您到處觀光時，別高興太早，極有可能是恐怖份子誘引的方法之一。

- 一到當地，在下榻飯店前，先到台灣辦事處或領事館報報備一下，跟相關人員說：「我來了，我的資料如下，請多指教。」如此一來，當危急狀況或戰亂發生時，這些機構就能立即掌握關鍵資料，及時通知您在台灣的家屬及好友。

- 隨時留意身邊的可疑人物，不任意在公共場所停留太久，如大型運動場、知名大樓等地，避免受到恐怖份子襲擊。

- 如果發現自己住處被包圍了，保持冷靜立刻打電話向警局求助，避免跳樓逃生冒險。

- 開車時，最好打開當地收音機聽當地新聞，以了解最新路況或臨時插播的事件報導，避開一些街道是非衝突。

- 開車時，最好緊閉車窗，預防恐怖份子扔進爆炸物或有毒物，如瓦斯、硫酸等，威脅你的生命安全。

- 除非是政府官員，一般人最好不要隨便接受當地媒體採訪報導。一旦在媒體曝光成了公眾人物，容易招致攻擊。

- 如前述之高風險國家，除非必要，最好還是少去觀光。

- 如非去上述國家不可，國外「安全防衛專家」一致建議，抵達當地機場後，一定要用最快速度離開大廳。根據他們的分析，人潮較多的機場大廳、地下鐵、高層建築物，都是恐怖份子最愛鬧事的地方。

- 不要穿有英文字的 T 恤，或英文字是有關美國 U.S.A. 之意的牛仔褲等。因為許多國家地區有強烈的的「反美情結」。即使您是道地台灣人，如果這麼穿，還是很可能遭到偏激份子攻擊。

- 如果在公共場所看見一只手提箱，或小包之類行李，「無故」地放在那兒，千萬不要心存好奇或起竊佔念頭而貿然打開，它很可能是炸彈。

- 萬一發生槍戰，而來不及報警，最好立刻趴在地上，因為施暴者在失去理性時，往往會對一些明顯目標開槍，如走動者、奔跑者或求救者。最好捱到危險過後，再伺機爬起離開。更不要本著菩薩心腸，見別人挨槍了，就衝過去搏鬥或搶奪武器，這樣的作法是最愚昧的。可能的話，盡量找遮蔽物躲藏，如果非得離開事故現場，槍戰中最好是匍匐（以腹部、胸部貼地爬行）悄悄離開。

②挾持

如果您是南非駐台灣特使，自己連同妻小不幸遭到歹徒挾持時，您會如何應對？

與之叫囂怒罵？暫時束手就擒、伺機反撲？還是取槍與之決鬥？

以上方法在安全防禦專家看來，都是不智之舉。倒是南非卓武官的冷靜表現令人激賞！

在槍擊要犯挾持南非武官一家人作人質，向媒體傳達談判訊息時，他們一家總是臨危不亂、靜觀其變，未作出讓挾持者「火上加

油」的舉動，終於脫困。

　　依專家們建議，萬一您遇到人質狹持事件時，不妨作出如下對策：

- 不要學冒險行動。當這些暴力份子挾持人質時，大多已喪失理智，且處於神精緊繃狀態，現場稍有人煽動，後果就不堪設想。如自告奮勇與之談判，不論其動機為何，貿然闖入，暴徒領域，都是不智之舉。
- 如果非得進入暴徒勢力範圍與之談判，最好找「人質談判高手」，較有機會將風險減到最少。
- 被挾持者或現場圍觀者，都不宜喝酒，以免酒精味飄到暴徒鼻裡，升高他們的暴力指數。
- 除非有把握，最好不要頑強抵抗，或趁機逃離現場。
- 萬一遭綁架，即使眼睛被矇住，也要設法牢記每個細節，如歹徒的說話腔調，彼此間的稱呼、人數、地點，以及帶您到第二、第三現場的「路徑」之詳細情形等。
- 被綁架時，不要講一些會激怒歹徒的話題。如果二度和他發生口角爭執，易激發對方極端暴力相向，是相當危險的。
- 有些歹徒雖很會要狠，卻有「盜亦有道」的心態。被挾持時，他們提供的食物還是吃了吧，不吃不喝容易精神崩潰，沒有體力耗下去。只要留得青山在，不怕沒柴燒，不是嗎？
- 歹徒問話，簡單扼要回答，避免跟他東拉西扯，言多必失。除非

你口才優異，說服力高人一等，否則不要輕易嘗試。

- 被挾持時，如果意外獲知暴徒是性情中人，與其交談或許能逐漸化解危機。

- 在暴力現場氣氛必定緊張萬分，如果能立即坐卜、躺下，以腹式呼吸法，調慢呼吸速度，有助紓解焦慮不安的情緒。

  腹式呼吸法說明：

  『先緩緩將腹內廢氣由鼻呼出，速度愈慢愈好，直到腹部凹到不能再凹為止。然後再緩緩吸氣，慢慢地將腹部鼓到不能再鼓（這時同第一步驟，嘴都是閉合的）』。再回到第一步驟，如此循環作個幾分鐘。

- 被挾持者或許心情會掉到谷底，甚至放棄求生念頭，這是不妥的。因為對挾持者而言，您就是他的談判籌碼，除非有變數，通常他們不會任意加害人質的。

- 在暴力現場，歹徒的舉動固然要仔細觀察，切忌睜大雙眼緊盯著，好像在監督他們的所作所為，如此很容易引起他們不滿。

  ＊總之，盡量避開高危險國家地區旅行，萬一發生事故時，盡量避免增加挾持者、被挾持者的不安，以降低暴徒的殺傷力。

③家暴

我們可紛別從家事法庭判決離婚之基本條件（事由）與民法一千零五十二條，夫妻之一方有下列情形之一者，他方得向法院請

求離婚；這兩大要件分析：

男女雙方想離婚，也沒有你我想像中那麼容易。家事法有如下明確規範：

1. 重婚者。
2. 與人通姦者。
3. 夫妻之一方受他方不堪同居之虐待者。
4. 夫妻之一方對於他方之直系尊親屬為虐待，或受他方之直系尊親屬之虐待，致不堪為共同生活者。
5. 夫妻之一方以惡意遺棄他方在繼續狀態中者。
6. 夫妻之一方意圖殺害他方者。
7. 有不治之惡疾者。
8. 有重大不治之精神病者。
9. 生死不明已逾三年者。
10. 被處三年以上徒刑或因犯不名譽之罪被處徒刑者。

有前項以外之重大事由，難以維持婚姻者，夫妻之一方得請求離婚。但其事由應由夫妻之一方負責者，僅他方得請求離婚。

對於前條第一款、第二款之情事，有請求權之一方，於事前同意或事後宥恕，或知悉後已逾六個月，或自其情事發生後已逾二年者，不得請求離婚。

看完家事法庭嚴苛的離婚門檻後，無論你曾是加害者或受害者，

你的感想如何呢？

　　再以台灣家暴案件數（沒通報者，未列入統計）一年約 16 萬件數看，其中因配偶（包括前任夫妻）施暴數目也有 48,000 件數之多（沒通報者，未列入統計）；其他像因長輩家產分配不公遭自己兒女痛毆者，也不乏其數；這種來自家庭暴力攻擊事實背後，凸顯諸多社會問題有待解決。為減少家暴傷害，以下守則就得先牢記在心。

- 當對方有言語恐嚇、威脅、或作勢攻擊，或要摔東西時，要提高警覺，這就是暴力行為大爆發的序曲。
- 日常家庭生活中發生小問題時，便要想辦法解決，不要彼此累積情緒，否則雙方都容易一爆發，變成不可收拾大悲劇。
- 不要在吵架時激怒對方，或以狠毒說詞，去攻擊對方，以防對方有傷害性的行為產生。特別是對罵當中，將雙方父母作為辱罵另一焦點。都是非常愚昧作法。更容易因此激怒對方。
- 其實雙方婚前如果曾仔細觀察對方很像恐怖情人，言詞多負面，行動多偏激，而前總是周而復始上演，那這樣的對象將來就會變成可怕的施暴者。
- 為避免損失擴大，應該將貴重金飾或花瓶；古壺字畫等，收藏好；免得對方一發飆，無辜的貴重物品可能跟著粉身碎骨。
- 有施暴習性者，任何時間都可能展開攻擊，有鑑於此，平日就須做好門禁工作，大門或房門加裝重鎖，並將附近警局電話號碼，

抄寫在醒目位置；就可在第一時間通報警方支援。

- 如果你幸運拿到保護令，也不能從此鬆懈警戒心，對方可能因你拿到保護令，依法是不能靠近另一方；然也可能因此更激怒對方，找你報復。
- 如果不幸遭鬥毆打砍傷，第一時間務必要拿到大型醫院所開立傷害診斷書，法院才會給你更公平的裁決。少了驗傷單，好比啞巴吃黃蓮，那只好認命了。

④搭車

- 在鄉間僻野區，盡量避免一個人搭乘客運、慢車，或共乘制的計程車。
- 大眾交通工具較安全的位置：
  1. 司機旁邊。歹徒即使有心也不敢貿然行事。
  2. 車門附近。萬一車上發生事故，可迅速逃離現場。
- 火車座位以車掌室、列車長室旁的位置最為安全。
- 搭公車、捷運時，最怕被前後包圍。若發現扒手，立刻大呼「有小偷」，引起乘客騷動。或大喊「對不起，我要下車」連喊幾次，手按住錢包奮力脫逃。
- 搭火車、捷運時，避免落單呆坐，或圖清靜，一個人坐在車尾，這往往是歹徒下手最佳位置。
- 若發現鄰座的人有不軌舉止時，立刻請列車長幫您換到安全的位

置。

- 公車、捷運上色狼很多，當您遇到時可迅速轉移陣地，無法分身時，立刻拿皮包擋在對方侵犯的部位，或是大喊「警察，這位戴眼鏡短髮的人在摸我的 XX」以嚇退對方。如對方仍繼續騷擾，下車後立刻找警察協助。

  P.S. 呼救時講出對方特徵，讓侵犯者知道，她指的就是歹徒本人。

- 公車很擠時，避免站在中間會被夾包的位置，易為歹徒下手。下車後若發現被跟蹤，趕緊到附近警局或商家，或叫部車直奔派出所備案。

- 單身女子搭大眾運輸工具時，最好請親友在目的地接你，避免下車後，東張西望不知何去何從的樣子，易被歹徒識破並尾隨跟蹤。

- 上車前一剎那是竊賊從車旁行搶的時機，因此，當司機在門口驗票時，您皮包等貴重物品務必拿緊，避免被歹徒乘隙搶奪。

- 等車時，待在售票窗口旁，或站務人員辦公室門口的位置較安全。

- 在車上睡著是難免的，尤其是長途車程。不妨將包包用雙手纏住，或放在座位椅把栓緊，或放在後背緊貼著，或將行李以雙腳夾住，都是較安全的方法。

CHAPTER 7

· 第七章 ·

愛車防禦

　　你每天開車上下班嗎？如果是，對於馬路上壅塞情況必然習以為常。

　　你每天須開車帶小孩上下學嗎？如果是，對於校門口百萬名車雲集景象，不會陌生吧？

　　如果你有的是錢，大可跟超跑將軍一樣，車庫停一整排千萬超跑，每天欣賞千遍也不厭倦。

　　儘管你可盡情放縱自己，蒐藏再蒐藏更多名車；不過，仍要提防有了名車之後，後遺症還真不少呢！

① 車場

- 由於台灣幅員狹小，自然形成寸土寸金獨特現象；停車場自然成了受害者之一。甚多停車場設計只能呈螺旋狀向上延伸發展。車主要停車總是像要穿越九彎十八拐似的，一圈又一圈暈眩地循著動線左彎右拐好不容易找到停車區。對於容易有暈眩狀況車主，最好避免找這種立體停車場去停車。

- 即使你只是想進去超商買個飲料或只想進去加油站方便一下，都避免讓車引擎發動著；容易因而暴衝傷及無辜，或遭宵小開了就走。

- 特別是在停車場，不要讓陌生人有貼身機會，容易遭劫財劫色。

- 基本上所有車都配備有警報器嚇阻歹徒偷竊，不過你會發現幾乎所有名車警報器聲音效果都千篇一律。一旦警報聲響起，多半讓你覺得不會是我的愛車吧！有鑑於此，找專門改裝的老闆，將警報聲音做變聲處理，這麼一來，如果一聽警報聲不是來自你愛車，就不會讓你焦慮了。

- 常常忘記將車的鑰匙取出，就車門關上大有人在，如果情形發生在市區還好，萬一事發地點在深山或偏鄉地區，就麻煩了。平常能將另一把預備鑰匙帶在身上，就不會發生呼天天不應窘況了。

- 你也可請通訊器材商為你加裝監視器，你只需透過手機就能直接監視愛車狀況。加裝衛星定位器也是不錯的選擇，以完全掌握愛車行蹤。

- 一旦關上車門下車辦事情時，記得包包或手機不要遺忘在車上，容易讓歹徒見財起意。

- 有小孩父母總以為自己下車買個東西，有小孩在車上，這樣歹徒就不會將車開走，其實歹徒多半奸詐無比，可能連人帶車直接開走，或乾脆回過頭來，把小孩當人質，逼父母拿錢贖人。千萬要提防。

- 如果你聰明些，無妨在下車關上車門同時，將輪胎洩氣處理，一旦歹徒見洩氣輪胎還得找工具充飽氣，可能當場死了心，不會對你的愛車動歪腦筋。

- 停車時最好停在街燈下或附近照明好的地點，會安全些。宵小多半畏懼燈光亮的地方；喜歡黑暗死角。

- **最好停車地方有監視器，一旦出狀況容易追查罪犯行蹤。**

- 不要隨便讓人搭便車，特別是人煙稀少地方，或深夜有辣妹揮手示意搭便車；都一律拒絕，明哲保身。

②道路

- 車子行進中，千萬不要急著趕路，拼命跟前方車按喇叭；容易引起該車主反感，甚至下車演出全武行。

- 而以大 cc 數車，沿途針對小 cc 數車子逼車，不但危險，也容易為警察取締。

- 高速公路高速行駛時，如要切換車道，一定要先打方向燈並與左

方或右方車保持安全距離再快速切換，切忌想換就換，容易引起事故。

- 開長途車容易邊開邊打瞌睡者，最好不要上高速公路，要不就是攜帶冰毛巾，沿途擦拭脖子後方與雙眼，讓精神始終保持在最佳狀態下。

- 如在鄉間小路行駛，一時內急必須下車時，記得車窗全關緊，引擎關掉，鑰匙取出帶在身上，避免如廁完，車被偷走。那才冤枉。

- 需常擦拭頭燈方向燈表面灰塵，增加行車安全。

- 開車途中不要使用手機或耳麥。

- 行經小巷口看到籃球或棒球突然從路口跑出來時，同樣意味著馬上會有小孩跟著衝出來，不能不慎。

- 特別是大型貨櫃車或聯結車都容易因車體設計關係，會產生視野死角，重機騎士或小型車主應避免讓自己進入視野死角，否則後果可想而知。

- 夜間開車時，盡量將儀表板光線調暗些，如果過量雖然可以看得很清楚，但行進中反而會阻礙車前方光線，造成不便。

- 有的車主習慣戴著太陽眼鏡開車，雖然解決了陽光直射問題，卻也容易產生反光情形，增加危險。選擇不會反光鏡片才是上上之策。

- 有夜盲症車主，最好不要進入山區，山裡氣象變化大，就算大白天，一旦起霧或天空整個暗下來，就變得非常危險。

- 為行車更安全起見，將目前原有兩大兩小燈再增加兩個，在夜間

會看得更清楚。

- 平常多服用葉黃素，或吃紅蘿蔔；枸杞，對於護眼都有一定功效。
- 除非你精力過人，否則每開兩小時車或滿 200 公里後，應做適當休息再上路會安全一些。
- 在台灣發生強降雨或下冰雹機會也滿多，碰到這樣惡劣天候，不要定速行駛，非常危險。
- 長途開始最好有人可以輪流駕駛，才不會因過度疲勞出事。
- 如果碰到大雨傾盆沿途積水時，務必看前方遠處是否車子都能安然涉水而過，如果不是，或愛車底盤本來就低，那趕緊繞道行駛，以免強行通過變泡水車。

③ 車內

- 開車途中，如果隨身物品或食物掉落，不要彎腰下去撿，容易因此方向盤失控，發生致命事故。
- 車內不要吃零食或喝飲料。前者容易讓你產生脹氣，後者容易不慎嗆到，嚴重影響行車安全。
- 避免車門窗緊閉，開空調在車內睡著，一旦車子發生突發狀況（暴衝）車主在半睡半醒狀態下，必然來不及反應。千萬使不得。
- 有些車主習慣將雙腳放到儀表板平台上做類似放鬆式駕駛；很要不得，一旦發生事故時，安全氣囊發生作用同時，一股巨大推力會由車主的腳部直接竄升到臉部，後果不堪想像。

- 我看過一些女人喜歡穿著漂亮高跟鞋開車，殊不知高跟鞋容易踩踏板時打滑。或力道不均，甚至黏在底板，危險萬分。
- 帶著心愛的寵物出遊是司空見慣情形，然而有些貓狗對於四周情況反應過於激烈，路況稍有變化，他們跟著焦慮嚷著不停，容易影響車主情緒跟開車安全。

＊如果平常有以上三點認知，再注意以下具體防禦措施，就能有效降低愛車失竊率。

④竊車

提到投機與劣根性，偷兒心態正是這兩大要素完美組合。

偷兒往往不須任何成本，僅靠一雙「巧手」，就可以作好生涯規畫，養家置產了。

據非正式統計，光是「汽車竊盜案」全台灣一年至少有 19,697 件以上，還不包括未報案數字。換言之，平均每天會失竊車子就有 54 輛。

根據日本一份汽車竊盜白皮書資料顯示，國外（先進國家）大約只有六成的遭竊汽車被找回。即使車主有福氣找回愛車，這些車往往已「面目全非」（尤其是板金外傷或引擎受損）。據推測，光是美國境內，一年的汽車遭竊損失達 3000 億台幣之多，可怕吧！

日本的犯罪心理學專家曾對「竊車賊」作了長時間研究，結過果發現幾個重要關鍵：

- 　有些車賊已是「竊車世家」，世代以此為業，經驗傳承累積下來，功力十分驚人。
- 　竊車賊已有企業集團經營趨勢，分工愈來愈細。

如銷贓、解體、行竊、內神通外鬼者，偷得快，轉手牟利更快。
下手速度愈來愈快（從數秒鐘到一、兩分鐘就得逞）。

- 　偷兒年齡日趨青少年化，一些國中國小生早就偷遍全台。
- 　百萬名車逐漸成為偷兒的最愛。

依據該份白皮書顯示：

- 　車子遭竊絕大部份是車主未上車門鎖、未上啓動鎖、未上排檔鎖，或忘了關上車庫大門之故。
- 　比起大都市，鄉下地區遭竊件數少很多。
- 　往往家門窗較氣派或庭院較大者，往往易成為車賊的目標。
- 　如果現場來往人潮較多，他們不敢大膽行竊。

犯罪心理專家呼籲，最有效的遏止重點在於：

- 　設法延長他們動手腳的時間（使其難得逞）。
- 　設法增加他們動手腳的困難度（使其不得不放棄）。
- 　設法將車停靠在他們不敢蠢動的區域（使其根本下不了手）。

除上述關鍵外，仍須

- 設法要求社區、大樓管委會加裝電眼，並全天錄下停車場的任何動靜。

- 為防止自己忘了上鎖，購買一種警示器，在未上鎖人離車之際，會鳴鳴作響提醒車主。

- 購買防竊警報器時，最好讓警鳴頻率與別人不同（請店裡修改線路或請有電子專長的朋友幫忙修改）。

- 盡量不要將一些名牌音響的漂亮 PVC 貼紙貼在後窗上，以免樹大招風。（特別是一套高檔音響就要價 50 萬以上）

- 即使在人煙稀少的路上，下車方便時，仍應緊鎖車門、車窗。

- 不要將備份鑰匙留在車上，若被竊賊找到，也許連車帶住家一併被偷個精光。

- 外出洽公時，最好停收費停車場。如果為了省一小時數十元或上百元之停車費，即使拖吊車放你一馬，可能也難逃車賊光顧命運。

- 夜間停車，暗處雖常被拖吊車忽略，但相對地，這些地方卻是竊賊出入頻繁的地點。

- 停車不必斯文。在您停好車之後，順便將方向盤打死（打成右邊到底或左邊到底）。讓車胎呈大轉彎停靠方式是不錯的「緩兵之計」，車賊下手時，所花時的間成本會高很多。

- 在大停車場泊車，以靠近收費管理員崗亭的位置較佳。其次選擇進出車輛較多的入口處，偷兒比較不敢明目張膽下手。

- 如果到餐廳或理髮院等公共場所有提供泊車服務時，不要將整串

鑰匙交給泊車小弟。只給他車鑰匙，以免對方複製另一串，尾隨你車後，來個大搬家。

- 在都市中的大街小巷，想覓得一安全位置停靠，而且不被拖吊是很困難。不妨開近路邊商家，下車與店主溝通協議，請他們挪開門前盆景等障礙物，每小時付 50 元或 80 元不等之停車費做補償，將是兩全其美計策。竊賊不但不敢下手，拖吊車更沒有理由拖吊。我曾運用此計泊車，屢試不爽！當然，如果您未作事前協議，見了空地就亂停靠，其下場不是被偷、被拖吊，就是車體會「傷痕累累」。

- 萬不得已時可來個「故弄玄虛」。停車後，取出三角形故障標誌往排氣管前端擺，或以千斤頂讓車身傾斜或墊高，都可能使車賊知難而退。

- 車上盡量不要留下私人信件或雜誌訂閱信封袋。否則車賊可能來個「一魚雙吃」，偷完您的愛車後，再循線到府上偷竊。

- 汽車防盜器的功效會因金額高低而不同。一分錢一分貨，加裝也比未裝置來的保險。

- 新車（指購買一年內）固然很帥、很體面，它卻是竊賊最愛下手的目標。

- 別以為汽車竊盜案只會發生在別人身上，竊賊如何隨機取樣，是不可能事先和您打招呼的。

- Benz、BMW 名車在大陸地區容易銷贓，尤其在偷兒「抬肉、整型」後，脫手更快。

- 某些汽車特別容易被啓動引擎偷開走。關於這類消息最好在購新車前探聽好。（礙於可能產生負面效果，在此不公佈這幾個汽車品牌及型號）。

- 停車時間過久，如三天以上或數星期未發動，容易成為車賊的目標。

- 車子經過改裝，且看上去滿有格調的車子，易被車賊垂涎。

- 車子內裝特別豪華，例如加裝數十萬音響或配備高科技通訊商品等，容易讓人眼紅。

- 有車庫的車主應特別防範，當按下遙控器打開車庫停車時，注意有無宵小趁機混入。一旦讓他混入，在您上樓進屋後，他就有機會大顯身手了。

⑤ 劫車

- 一上駕座，立刻打開空調設備，並關緊門窗，不要讓歹徒逮到機會下手。

- 開車途中若有人攔車，哪怕只是問路、借個打火機等，在顧及自己安全的情況下，不宜停車。

- 如果要賣自己的車，不透過「車蟲仔」（買賣商行），自行在路邊貼告示、登報促銷，固然可多賺一些，但相對地，風險也較高。當對方要求試車，請他留下相關價值物品，如現金或名錶等。至於身份證、信用卡、駕照等都有可能是偽造。不押也罷；跟他一

起試車也不妥，如果您是女性，有可能遭強暴、搶車、劫財等。不過，還是建議寧可委託專人處理，也許賣的價錢不夠迷人，但比較安全。

- 開車返家途中，若發現被跟蹤，立刻駛向附近警局或設法尋求協助，不要貿然下車找對方質問。

- 除非必要，否則一個人開車在郊區、小路極容易遇劫。

- 經常提醒自己檢查「三油」、「三水」。三油三水運作、補給夠量，愛車就不會在半路拋錨，更不致替歹徒製造犯罪機會。

- 在暗巷、郊區、鄉野小路的交叉口處行車更要仔細。歹徒往往利用這些關鍵地點「製造假車禍」，騙你下車，說你撞了他，而向你索賠。自保之道就是「加倍警覺」、「盡量少去」，當發現情況有異，心中確知未碰傷對方時，迅速駛離是非之地。

- 郊區或人煙稀少的地帶，不要在車內談戀愛、或演出活春宮，車震激戰戲碼；非常危險。歹徒見狀通常會勒索、脅迫拍下猥褻鏡頭，甚至強暴女子。

- 為預防被歹徒襲擊，車上應準備一些基本療傷用品，如 OK 繃、雙氧水、雲南白藥、碘酒；紗布等。

- 一旦車子遇劫、遭竊或車主受攻擊時，立刻撥 110 報案（有手機者應隨時留意電池量是否足夠）。

- 以台灣的宜蘭、花蓮、台東等部分高山地區為例，許多民營大哥大網路尚未普遍涵蓋到該區域，即使有手機的車主，在上述區域行車時，仍得提防發生緊急事故時，無法立即通訊求助的遺憾。

- 在通知警方的同時，趕緊再向投保的保險公司報備，請求支援。
- 遇歹徒搶劫時，身上財物統統給他；對方要車，就給他，並回應「你趕快走，我絕不報警」等話，化解他瞬間的焦慮不安。

　　偷車賊也該有"鬱卒"的時候吧。如果發現大家都把車停在管理員崗亭邊位置、大家都記得上鎖、大家都懂得設法增加「偷竊困難度」的功夫後，恐怕偷車賊要大嘆生意難為，不得不改行了。

　　希望這一天馬上來臨！我如此希望著，讓我們一起祈福吧。

CHAPTER

・第八章・

兒童防禦

小孩，是上帝派給天下父母的小天使。

小孩，總是用天真的心靈、單純的眼睛看世界。

然而，現實世界卻總會出現深沉複雜的大野狼碎小孩的幻想。

小孩從「小紅帽的夢魘」中甦醒吧！

更不要讓小紅帽長大後成為另一隻大野狼。

1998 年 2 月 2 日，藝人白冰冰在日本長野冬季奧運開幕儀式中，做了一次成功的國民外交。她受邀日本奧會，負責全長 1.2 公里的聖火傳遞任務，從衛星畫面上，我們可以清楚看到感人的畫面，白冰冰在傳遞聖火慢跑途中，胸前掛著女兒生前照片。白冰冰就在她女兒一路相伴跟當地居民歡呼聲中，完成了是項光榮任務。

白冰冰當時的心情，應該相當複雜吧！

雖然女兒綁架事件暫告落幕，但整個事件所留下的創傷，在台灣治安史上該是相當慘痛的一次。而國家警力為緝捕綁匪所付出的時間、人力、媒體資源等社會成本，不但是空前也是絕後。

誰無子女，誰能忍受喪女之痛。我們經歷過如此駭人歹徒挾持南非領事館大使家人國際事件同時，為人父母者，應如何保護小孩的安危呢？

①校園

- 不要給小孩過多零用錢，容易引起同學覬覦想借錢，引起不必要金錢糾紛；或拼命買甜食，垃圾食品；危害健康。
- 寵愛孩子購買名牌衣服或昂貴的鞋子讓他們穿戴，基本上來說沒甚麼不對，但是對於歹徒來說，他們可是大肥羊。如果上下課小孩都是由數百萬等級名車接送，很容易遭鎖定。小孩的出入安全就更令人擔心。
- 校園廁所裡難免會有變態者或偷拍色狼躲藏其間，要教育小孩碰到類似狀況如何以最快時間通知校方警衛前來處理。
- 不能直接生飲水龍頭所流出的自來水，容易遭細菌感染。
- 要告誡小孩絕對不能有偷竊同學財物，或強制同學逼債情形。
- 不可以開玩笑或故意方式，拉開教室內座椅，讓同學摔跤，造成腦震盪嚴重後果。
- 嚴禁小孩在外抽菸，最簡單測試聞他們身上穿的衣服有否異味；要他們伸出食指跟中指，用鼻子就會聞到煙燻味。
- 固然學業重要，然而升學壓力往往變成孩子另一種沉重負擔，部分孩子因而罹患身心症，或一時想不開，尋短，結束了寶貴的生命。站在父母立場應該細思，避免有類似情形發生。
- 要教育小孩子，如果受到暴力威嚇，或種種冤屈，不要跟同學對打，應向導師或校方反映，更不要因情緒失控，下手過重，造成對方嚴重傷害。

- 而最常見校園霸凌事件，需教育小孩子不要以言語或肢體語言或聊天軟體等方式去加害同學，除了校方會以記大過嚴懲外，也會遭對方家長提起刑事訴訟與要求民事賠償，不能不小心。
- 霸凌事件申訴電話 0800-200-885。

②街上

- 要求幼童平日記住自己姓名住址跟家人聯絡電話，萬一走失還可透過警察幫忙，安全快速送他們返家。
- 父母帶小孩上街時，務必緊緊牽好她們的手，才不會走失。
- 教育小孩發生緊急事故時，手機直撥 119 或 110 報案。
- 教育小孩不要與陌生人接觸，即使是有陌生人問路，也應與對方保持 1.5 公尺距離，萬一發生狀況，需大聲向路人大喊救命。
- 務必遵守交通號誌，禁止闖黃燈，也不能闖紅燈。
- 務必行走在人行道上，避免沿途玩球，容易發生事故。
- 走在路上不要玩手機遊戲，或只注意聊天沒注意到來往車輛。
- 路上看到錢包，不能撿回家，要直接送到警局。
- 給小孩穿的服裝盡量是上衣跟下褲或裙，色彩對比強烈會比較容易讓遠方駕駛人騎士，容易發現，如果夜間，小孩鞋子需有發光設計，或身著白色服裝比較安全。
- 教育小孩不談論家裡經濟狀況。也不要向同學炫耀自己常出國、有多少零用錢、我爸爸開法拉利名車等。

- 如果在學校死角遭同學恐嚇勒索，不要與對方拉扯，立刻告訴對方：「等一下，我馬上回教室拿錢給你。」藉機離開現場，並迅速向訓導處報告。

- 尤其是女學生，在進出公廁或上下學途中，最好有同伴，避免落單讓歹徒有機可趁。

- 購買防暴器供子女危急時使用。可能的話，防暴器隨身攜帶，但不要作為對同學開玩笑或報復之用。

- 不要讓小孩帶過多的錢到學校，口袋錢一多，很容易引來同學覬覦，或成為施暴的箭靶。

- 如果有同學相邀小孩外出，要叮嚀必須有很多同學同行，絕對避免「孤男寡女」出遊。

- 如果發現學校裡有人打架滋事，不要淌渾水、不要當和事佬，以避免遭到意外傷害。

- 如果在學校碰到打群架，或有幫派份子混入，不要圍觀，馬上拔腿開溜，趕緊向訓導處報告。

- **教導小孩，如果下課後要直接到同學家，一定要事先打電話向你報備，並清楚交代同學家聯絡電話。**

- 當有學童悲劇事件發生時，儘管不是發生在自己的子女學校，家長有義務將此最新消息立刻通知校方，請校方嚴加防範。例如，何姓婦人向北一女學生潑硫酸事件，或青少年吸毒事件等種種可能造成傷害學童情事，都有可能被歹徒以類似手法重覆犯案。

③自衛

- 萬一發生狀況，在來不及報警的情況下，先通知社區（大樓）管理員或鄰居熟識的阿姨，以獲得最迅速的救援。
- 即使是家人的至親好友，在無任何照會的前提下，仍不應隨便答應他們的單獨邀約。
- 有些小孩喜歡抄小路回家，告訴他，即使騎自行車上下學，也要避免走人煙稀少的羊腸小徑。
- 路邊有人鬧事，不要靠近。即使想看個究竟，至少要保持數公尺之遠，才不會遭亂槍射擊或成為人質。
- 一旦遇到歹徒使壞時，立刻大聲呼「救命」或「抓賊」，引起路人注意及救援。
- 小孩出門在外，不論白天或夜晚，不走暗巷、不單獨上化粧室。
- 小孩一人走在路上，倘遇生人問路，教您的小孩與陌生人保持距離，如果清楚告知後，對方仍一知半解，不論真假，迅速離開陌生人。
- 小孩外出時，沒有大人的陪同，不能隨手招計程車搭乘。
- 不要隨便進入鄰居或陌生人的家裡或車裡。
- 不接受任何陌生人的禮物。
- 小孩獨自在家時，除非從室內即能清楚辨識訪客是親友，否則任何人按鈴要求開門時，都不要開門。
- 如果在嬉戲時，突然有陌生人要加入，應拒絕或迅速走開。

- 如果有陌生人靠近，要求小孩幫忙提東西或帶他（她）過馬路時，一概拒絕。

- 如果小孩獨自在家，遇有生人來電，不妨教小孩說「我爸爸到巷口買個東西馬上就進來」或「等我爸爸停好車後，請他回電，您貴姓大名，電話是幾號？」經過簡單過濾後，就很容易知道對方是不是「來真的」。

- 在沒有大人的陪同下，小孩最好不要單獨或與同學去 KTV。畢竟小朋友的逃生及防暴的常識與能力尚不足。

- 如果小孩和同學去看電影或聚餐，要他們盡量坐在靠門口的位置，發生緊急情況時較容易脫困。或者先詢問清楚逃生梯的位置，以備不時之需。

- 如果與男同伴去 KTV 或速食店等地方，在離座方便時，要提防男生趁機在飲料中「下藥」然後施暴。如廁完、打過電話回家後再點飲料為宜，或乾脆在離座前「乎搭啦」喝光飲料，讓對方完全沒有機會。

- 平常就要教育小孩「身體髮膚受之父母」的道理，並再三告誡小孩，除非必要，不要讓任何人碰你身體任何一部份。除了醫生、護士外，誰都不允許觸碰小孩的私處。

- 教導小孩，憑自己的直覺應變。

  下列事件，或許可讓您家中的小朋友做參考。一天，一位國小五年級的蔡姓同學下午返家後，騎車至便利商店購買飲料，才騎上腳踏車即發現有兩名男子共騎一部摩托車，且慢速跟在其後頭，

男孩見情況有異，便加快行車速度企圖甩開他們，但他們仍緊跟不捨。男孩驚魂未定的說：「我一看怪怪的，在騎一段路後，來個急轉彎，車子一調頭立刻騎進附近窄巷裡。誰知道是個死巷子，無路可逃。眼見兩個壯漢將機車一停，也擠進巷子裡時，我用力敲打好幾戶人家的後門，沒想到這一使勁打之後，把一些歐巴桑都吵出來了，好險！」聽完蔡小朋友的奇遇，是否也能給您的小朋友一些應變啓示呢？

④家長

- 硬性規定小孩入夜後不能單獨外出。
- 父母在接送小孩上下學時，盡量利用大眾交通工具、或較不顯眼的車子接送，避免歹徒的覬覦。綁匪們習於從小朋友家中的座車，判斷「你家是不是一塊頂級神戶牛排？」。
- 不要隨便叫小孩替父母跑腿，如到巷口買煙、買醬油等，小孩單獨走在街道上總是比較危險的。
- 都市小孩大多會被安排到補習班，父母再忙也要設法接送，尤其是夜間，陪他回家總比讓他單獨走夜路安全。
- 如果您開車和小孩一道 Shopping，無論您下車只是買路邊攤水果或其他小事，都不要將小孩單獨留在車上，讓小孩跟著您，並且鎖上愛車。歹徒特別容易盯上穿戴名牌的小孩。如果您讓小孩穿戴名牌，最好經常陪伴在側。若沒空相伴外出，最好將名牌標

籤等象徵物不留痕跡地取下，以減少被盯哨的機率。

- 為防止意外發生，當大人外出時，最好打開「密錄設備」（有些傳真機已附有此功能，有些單獨出售），以全程掌控所有外來電話的內容。

- 不要替小孩添購「大人配備」，並任其單獨攜帶外出。有些小朋友隨身會攜帶大哥大，或腰間還配戴無線對講機等全身配件皆為名牌產品。如此裝扮出門，無非是將「我是有錢人家小孩」的告示往臉上貼。

- 多啓發小孩的思考能力，時常預設一些情況，詢問他們會如何對應，然後再從中給予建議，培養他們危機處理的基本能力。

- 如果您是公眾人物，最好不要讓妻小或親友也曝光媒體。您見過龍應台家人嗎？您見過胡瓜一家老少的公開照片嗎？當然沒有。除了這些名人，不少公眾人物都深諳家屬不曝光的重要性。

- 如果您直接叮嚀小孩不要吸毒、不要酗酒、不要抽煙，他們可能聽不進去，且收不到成效。如果您從生活點滴中經常給予機會教育，有助於小孩遠離這些罪惡媒介物。

- 永遠要作小孩子最好、最親密的朋友，讓他們知道，您才是世界上最可信賴的夥伴。

- 掌握小孩每天上下學行程，要求他們每天走同樣路線，萬一遲歸，父母才可循線追蹤。

- 將小孩送去學柔道、跆拳，接受專家指導，會比其他方式更有實質幫助。

- 教年幼小孩熟背家裡電話、父母名字或地址等資料，萬一小孩走失被發現，比較容易重回父母懷抱。
- 夜晚就寢後，規定小孩房間門關上，但不能鎖上，發生危急時，小孩才能很快被父母救出。
- 大人逛百貨公司、大型超市時，應看緊幼童。以免孩子被誘拐或走失，細心留意即能免於悲劇發生。
- 幼童的活動力總令大人擔心，往往一溜煙就消失在您的視線內，因此，當父母晚上出去倒垃圾、白天上街、在院子作園藝工作、晾衣服、洗車時，都不容有半點疏失，讓小孩自己走失或被誘拐。
- 告訴小孩，不要偷東西、不要看見喜歡的東西就順手牽羊，一旦被發現，是要被關進少年感化院坐牢的。
- 小孩的同學到家裡玩，在他（她）們要回家時，您有義務護送他（她）們返家。否則，若他（她）們在回家途中有了閃失，即使您不必負法律責任，也難逃良心的譴責。
- 反之亦然。您的小孩到同學家作客，如果對方父母未如此作，您最好撥空親自（或託人）帶回。尤其是入冬的夜晚、黑漆漆的天色裡。

⑤**安親**

- 為避免再度發生永和老人安養院火燒事件，帶您小孩參加安親班、課輔班時，要特別留意他們是否有合法執照。若無執照，一

旦發生事故時，您將很難從中得到賠償。

- 注意安親家教班有無佔用防火巷，以致阻礙消防車進出的空間。

- 要小孩參加課輔前，不妨先向補習班附近住戶探聽一下，如班主任為人或老師歷以及班裡是否發生過重大事故等。

- 有些安親班有接送小孩的服務，首先，您要對負責這些工作的人進行「了解」（可先向班裡取得相關資料），以確保小孩的安全。

- 對於安親、課輔班的災害賠償內容，您有權利在繳費前提出討論。例如發生事故時，班裡會有哪些急救措施、消防設備及警報系統是否完善等。

- 您可請教班主任對於性騷擾、性侵犯防禦的看法及觀點，從其言談中，您大致能判斷班裡的危機處理能力了。

- 萬一發生火災等事故時，教您小孩立刻衝向屋外，至於搶救同伴最好「量力而為」。總之，發生危急時，仍應全力維護自己生命，而避免發生救援不成反誤了自己的悲劇。

- 若小 baby 要委託褓姆帶，先了解褓姆的種種狀況。例如是否超過負荷（會有發現一位保姆同時看管 15 位 baby 的事件）、褓姆的先生是否有犯罪傾向、酗酒滋事紀錄等，都是您託管前，要睜大眼細察之處。

⑥性侵

- 特別是女學生不要在盛夏季節裡，穿著袒胸露背的時髦衣服外

出，以免惹來歹徒的非份之想。

- 「割喉之狼」、「刀割癖」最愛找以下特徵的女孩下手：

  *長髮

  *長馬靴

  *短裙

  *夜歸女

　　最有效的防狼之道，就是避免夜間單獨行動，如果是上夜班或唸夜間部的女性，下班、下課後最好有伴同行或有人接送，以減少被攻擊機會。

- 答應女兒去同學家前，要確定同學家中有無第三者或異性好友。如果有，少去為妙。
- 在公車上或校車上，避免和異性同學搭訕或留下電話，造成對方騷擾藉口。
- 提醒您的寶貝女兒，到戲院看電影時，最好要求售票員劃靠近走道的座位，避免選最前面或中央區域的位置。如果位置非靠緊急出口旁或側門，遇突發狀況時，她將很難摸黑逃出。
- 電影院裡往往有不良少年伺機騷擾女性，如果被性騷擾時，可以大叫「不要性騷擾好嗎？」，引起其他觀眾注意。若在換座位後，「威脅」仍未減輕，迅速走出電影院。
- 女兒喜歡自助旅行固然是好事，可增廣見聞，但要求她一定要有

伴同行。

- 開放地與女兒談「強暴傷害」問題，並灌輸她一些正確預防觀念：
  1. 在外不隨便喝對方調的雞尾酒或飲料。
  2. 不參加只有少數人的 Party。
  3. 不隨便喝別人招待的易開罐「酒精飲料」。
  4. 不參加離市區很遠的鄉野別墅 Party。
  5. 即使參加 Party 的人數很多，都是班上同學，也不要在外過夜。
  6. 社區、大廈管理員按鈴不要隨便開門，
  7. 請他們有事直接找父母談。
  8. 避免常帶男友或男同學回家，這在鄰居看來是「輕浮」、「不正經」的舉止，也易形成「人必自侮，而後人侮之」的後果。
- 提醒您的寶貝女兒，當同學或男友染上喝酒、吸毒或賭博等惡習時，最好離開。因為很多不幸事件都是發生在酗酒、毒癮發作或爭奪錢財之後。
- 家裡有菲傭、印傭時，要特別提防外傭的男友（老公）起非份之想，或可能偕同夥伴，威脅您全家人的生命安全。
- 當您以電話訂購外送鮮花、披薩時，盡量在交易完成後立即關上大門，避免和送貨員聊天。
- 如果在山間或海邊迷路了，可向人問路，但不要隨便搭人便車。
- 女兒一個人趕時間非搭計程車不可時，多等幾部，最好等到有「優」字樣的優良駕駛車再搭。

- 搭計程車最好三個人以上，上車前，先打開後座看車裡「氣氛」對不對，有無特殊窗簾遮著，前座平台上有無證件，證件上的照片與司機本人是否相符。如果發現不對勁，輕關上門表示謝意，繼續等下一部車。
- 在學校裡有男同學在語言上性騷擾時，立刻遠離，或以嚴肅口吻大聲回應自尊受損的不滿情緒。
- 家中有男性訪客，不要放心地出去辦事，將女兒單獨留在家。
- 在學校遭男同學在肢體、言語上騷擾時，立刻向老師或訓導處報告。
- 若女兒上述的報告未得到校方適當處理，家長有權利向校方要求討回公道（企圖討回公道前，最好充分掌握具體的人證、物證）。
- 當受到較嚴重的性騷擾時，可以雙肘撞男生，或以雙腳連踢對方膝蓋或私處，表示嚴重警告和正當防衛。
- 如果情況未見改善，立即逃離現場求救。
- 如果被對方抱住，設法以雙腳奮力踹對方腳部（腳背或腳踝），或藉雙肘力氣回擊。
- 以手指攻擊對方眼睛周圍或攻擊鼻子。
- 若小孩被綁架，應以最隱密方式報警，並作全天候電話錄音。
- 若歹徒來電，要求必須聽到小孩聲音或帶到話機旁，以確定小孩是否安然無恙。
- 小孩被攻擊後的「復健」及後續工作極重要，如：
  1. 迅速報案作筆錄待審。

2. 陪他（她）和他（她）的朋友前往醫院找精神科醫生治療。

3. 回家後，請他（她）的朋友多陪他幾天，以安撫情緒。

4. 總之，小孩的身心受創後，盡快恢復他（她）們的信心，勇敢地重新出發，是當務之急，也是最費神的工作。

CHAPTER **9**

· 第九章 ·

休閒防禦

　　有的人一空下來就加入醫院義工行列，去服事病患，有的人下班後打麻將摸個八圈，賺些零用錢，有的利用假日騎著重機，當起輕旅行影片部落客，將各地美食與好玩風景區，做詳細介紹；基本上來說，休閒就是完全放鬆心情，大腦暫時放空，將所有壓力驅逐出境。

　　然而往往在享受這快樂時光同時，我們卻換來好多痛苦回憶……

①賭場

- 一般人進了職業賭場，很難全身而退，因為陷阱多多；以樸克牌為例，對手在紙牌上動些手腳（如折小角，塗上特殊顯像液體，或以迷你監視器監控），你容易任人宰割。

- 而一般人在聚精會神賭博時，包包如果放在身後，或腰邊，很容易馬上被扒走，包包放在身前是比較安全的。

- 如果你幸運地贏了一大筆錢，就可能會出現不良分子緊跟在你身後，逼你吐出贏來的籌碼。

- 而你打尖的飯店即使是 5 星級，你的財物證件還是可能被洗劫一空，別以為有門禁刷卡或室內加重重大鎖就天下太平，歹徒是無孔不入的。因而在洗澡時後，重要財物文件都需隨身攜帶。

- 賭場最常見洗劫財物方式是，在賭客身旁突然出現穿著清涼妙齡女郎上來搭訕，一會說幫你兌換外幣，一會說她知道賭場灶門在哪，她有辦法破解重重關卡；幫賭客贏到大把鈔票。其實都是詭計，需特別提防。

- 如果你有幸在賭場旗開得勝，嚐到甜頭，別得意忘形；如果繼續下去，不趕快離開，可能會讓你輸光家當。

②餐廳

- 餐廳有代客泊車服務的確省掉客人很多寶貴時間，然而當你把鑰

匙交給泊車先生時，有沒想到鑰匙會遭到不肖小弟偷偷複製，過去就曾經有過類似情形發生，幾個不幸的車主事後沒多少天，車子就無故失竊了。有鑑於此，能不請小弟代泊車就不要；避免因小失大。

- 餐廳裡大廚師縱然身懷絕技，可以在短短十幾分鐘就做出令人食指大動料理，不過話說回來，如果料理中沒有加入一些調味品的話，恐怕風味會遜色很多，你很注重養生，無妨在點餐時先聲明不要放任何添加物或合成調味品，以免多吃多傷害到健康。

- 當你準備入座時，如果看到另桌有客人正酒酣耳熱，那你最好敬而遠之，選擇離他們遠一點餐桌用餐，原因簡單，喝酒一多就容易誤事；或會被吵得不得片刻安寧。

- 女孩子特別要留意如廁時，你的飲料容易遭對方下藥，讓你神智不清，被帶入摩鐵侵犯，甚至財物被洗劫一空。如非得如廁不可回座後，要求服務員再替你換上新飲料，就算一杯飲料需要 300 元，比起不小心人財兩失後果，其 CP 值還是高的。

- 吃小火鍋時，通常都是服務原先替客人點燃酒精，客人才開始大快朵頤；然而當酒精沒了時，千萬不要自己移動小火鍋，或自己用打火機去點燃，最安全方式是，請服務員代勞續點燃，而且續點燃時，最好離開鍋子遠一點，避免受到意外傷害。

- 餐廳裡有老鼠蟑螂出沒爬行都是無可避免的，不要因為這樣對服務員叫囂辱罵，很容易引起公憤。

- 選擇餐桌入座時，盡量找靠近大門旁邊會安全些。萬一發生狀

況，比較容易脫困。

- 在台灣，客人用餐時跟服務員要些調味品來提味是稀鬆平常的事，但在南美洲一些國家全然不是這樣。用餐中跟餐廳要鹽巴或胡椒粉或辣椒等調味品，會引發大廚不滿。他們會認為自尊受損，因為客人嫌他們的料理不好吃；所以才會額外索取調味品來遮掩它。

- 在中國部分地區也有類似情節發生。客人用餐雖然可以大方要求加這或加那個調味品，但就是不能將料理全部吃光，必須留一些在你的餐盤上；用意是對廚師一種尊敬。全吃光的話，對廚師而言反而是一種侮辱。容易引起事端。

- 部分國家地區餐廳的白開水事要另外付費；不要因不了解這遊戲規則，在餐館裡跟服務員大吵特吵。

- 常上自助餐吃飯朋友都不難發現，中午沒賣掉的清蒸魚，一到晚餐時，變成了紅燒魚，諸如此類物盡其用，加工再加工戲碼，天天都會上演，為避免吃到不新鮮食物，特別在晚餐時刻，盡量挑選菜色更新鮮的食用，才是王道。

- 火鍋雖然味美到令人難以抗拒，但部分火鍋湯經過高溫一再加熱後容易釋放出致命物質，會威脅到我們健康，不能不慎。

- 如果生魚片沒處理完善，或不小心遭汙染，我們就這樣吃下肚子，同樣不利於健康。

- 雖然多數餐館都有供應白開水，然而往往我們看到玻璃杯事髒兮兮的，杯子都不乾淨了，水還會乾淨嗎？

- 上班族外食情況非常普遍,最好自備 316 不鏽鋼筷子或吸管,不要用那些白色免洗筷。
- 餐館裡常會看到沒標上時價食材,碰到如是情況就不要點;以免最後當冤大頭。
- 部分咖啡館陳列的甜點蛋糕,都是賣了好多天還沒賣掉的庫存,當然新鮮度就談不上了,一不小心,還可能因此吃壞肚子。最簡單判斷方式是觀其色澤是否新鮮;或外觀健康沒有萎靡樣子,就可以了。

③寵物

- 認養飼養之前,一定要確定毛小孩的來源是否安全,否則日後發生傳染病就不好追朔源頭。更不要因為親朋好友棄養,你就好心承接。最好考量你經濟情況足夠支撐牠們伙食跟醫療與美容花費嗎。
- 一定得定期給毛小孩打預防針。避免衍生更麻煩重症。
- 養了之後,小貓咪或狗狗總是喜歡跳上你的床,跟你共枕眠。殊不知這些毛小孩往往大小解後,沒有經主人清洗重要部位,她們吃完食物後,也沒用牙刷刷乾淨,或可能他們曾經趴進馬桶座去喝水等等,然後就被主人抱在懷裡親親,你說這樣安全嗎?
- 寵物再怎麼說都還是動物,動物與生俱來兇殘特質,往往在跟主人玩耍當中,會突然情緒失控,對主人攻擊;不能不慎。像俄羅

斯品種貓，溫馴時像小鳥依人，而瞬間抓狂時，貓爪急速攻擊，讓主人受傷掛彩也偶有所聞。一定要對牠們習性多多了解，才不至於受害。

- 特別是貓咪，很喜歡擅自打開主人抽屜搞得一團糟，要不就是將花瓶昂貴酒瓶給打翻。主人最好將金飾或珠寶類東西鎖好，免得一條項鍊被扯得七零八落。

- 好命的貓狗每天都有百萬名車可坐，享受進口飼料，飲用純淨的礦泉水；反觀室外遭棄養的野貓野狗就得自己四處找食物果腹。如果你看到他們可憐，直接餵食剩菜剩飯，小心遭到感染，因為野貓野狗的個人衛生本來就做不好，加上戶外草叢或屋頂田舍細菌也多，自然就成了感染源，你能不小心嗎？如果餵食，就須戴上口罩跟穿上長手套。餵食完畢，回家立刻以酒精噴灑衣物，雙手徹底消毒，才能免於細菌感染。

④ 登山

- 如果只是登一兩百公尺高的小山丘，就不需大費周章事前做功課；如果你是想挑戰台灣百岳（或國外著名三千公尺以上高峰）。那就得先觀賞 youtube 影片導覽，很多登山專家都會將自己經驗分享網友。包括當地氣候變化，與詳細陵線或空氣稀薄程度等。絕對不要以為自己已經登過幾十座高山就不在意其他山峰特性，貿然去挑戰攻頂。非常危險。

- 如果在台灣，登山基本配備就是醫藥，飲水，長袖服裝，不怕蚊蟲叮咬的長褲，與專用登山鞋等，更重要是，要提防兇惡虎頭蜂攻擊（攸關如何對應它，限於篇幅關係，在此不贅述，請搜尋相關資訊保護自身安全）
- 登山之前當然須睡得飽，有充沛體力，才能出發。
- **不要想一步登天，想一天要爬到多高，專家們建議：每天攀登以 1000 公尺為限。**（如同一天，從海拔 1000 公尺登高到 3000 公尺，對身體容易構成傷害）否則容易出事，一定要小心。
- 凡走過必留下痕跡，登山熟手都習慣在走過地方綁上絲帶，主要用意讓後來者有跡可循，也讓自己要下山時，有正確導引，不會迷路。
- 登山最好有伴同行，可以沿途互相加油打氣，如果同伴會 CPR 那安全更有保障。
- 山上很多野菇都長得非常漂亮，但它們可不能拿來煮食，吃了會讓你賠掉寶貴性命。
- 出發前必須告訴家人你去登哪座山，估計幾天回來。
- **每個人體力都有其極限，不要為了趕路，夜間繼續攀登，非常危險。一旦出事，同伴不容易發現。**
- 山上日夜溫差大，有慢性病者，不要隨便挑戰，以免發生不測。
- 山裡氣候變化快又大；太陽眼鏡與防曬乳跟雨衣絕對不可少。
- 山泉水雖然甘甜無比，最好還是不要直接生飲，因為細菌是肉眼看不出來的。最好要煮開再喝，比較安全。

- 背包最好使用背後雙帶交叉型；比較省體力。
- 沿途拍照或攻頂打卡要注意四周是否落石，或土質鬆動危險。
- 出發前須備妥手持火炬、信號火（信號彈、煙霧彈、火把、火焰、燃燒彈）一旦發生緊急狀況，就可以很快發出信號求救，讓山難隊友容易找到你出事的地點施救。
- 登山健行固然是一種很好運動方式，不過曾有專門負責裝人工膝關節的知名院長說過，登山其實跟爬樓梯一樣，對膝關節的損傷最大（特別是下山時候）。

⑤聲色

「在家靠父母，出外靠朋友」這句話在 21 世紀是行不通的。

我們從電視媒體上得知，許多社會事件多發生在娛樂聲色場所，所以為了保障個人安全，若非必要，盡可能不要涉及此類場所。

尤其，近年來人心道德淪喪，在外應把持「眼觀四面，耳聽八方」的箴言行事，方能確保身家安全。在酒廊、Club；KTV 等聲色場所須特別留意以下關鍵點，免得破財之後，又惹上牢獄之災。

- 絕色美女俊男少纏為妙。這些場所姿色姣好的女郎自是不少，但英雄所見略同，這些風姿綽約女人早被許多男人盯上了。如果您死纏對方，容易引來致命後果。以「適可而止，伸縮自如」八個字送給愛上 Club 的男士，作為金句吧。

- 聲色場所燈光好、氣氛佳，又有美女坐懷，自是心情容易 high 到最高點，也容易大聲嚷叫，很容易引起道上兄弟不滿，引發衝突。

- 有些酒廊附設有 KTV、卡啦 OK 等百萬級器材裝置。若您從頭到尾死抓著麥克風不放，在別人無法忍受後，很可能會大打出手。

- 聲色場所大多有道上兄弟暗中保護，為避免惹來事端，買單時，明知金額與實際花費有些出入，索性乾脆些，簽完帳立刻離開。避免當場爭執，引爆口角。

- 付帳時，盡量以普通信用卡簽帳，三～八萬的信用額度應該足夠支付一般酒廊消費（除非消費人數超過 12 人以上）。如果為突顯自己不凡的身份，拿出白金卡、大來卡、金卡消費，在眾目睽睽之下，很難保證能平安回家。

- 和特種營業的女子「場外交易」時，得提防預謀，如是否被跟蹤、旅館房間內有無歹徒埋伏拍照或有無針孔攝影機，更得提防是不是不小心把兄弟的女人帶出場了。如果這些問題都沒確定就急著辦事，後果可就不堪想像了。

- 在 Club 消費後，若以現金支付，最好事先準備好每一萬為一紮，才不致掏錢時花長時間一張一張數鈔，讓旁人心生歹念。

- 這些場所酒好、氣氛好、招待親切，一不小心就酒喝過量，建議您適可而止，唯一要提醒的是，一旦酒醉後，您的現金、名錶、信用卡等有價值的東西，都可能不翼而飛。

- 經常掉名牌打火機者，是許多人都有的共通疑點，為什麼才接個

電話或上一下化妝室後，就找不到了。這裡小姐多、公主多、少爺多，歹徒也多，不掉那才是新鮮事呢！

- 離開 Club 後，除非是公司同事或客戶，否則絕對不搭別人的便車，更不宜讓陌生人只憑幾句好話或一張名片，就載他回家。

CHAPTER 10

· 第十章 ·

法律防禦

懂得如何做生意賺錢固然重要，而擁有更高法律智商，則是更重要課題，如果不慎使用名模肖像權，或抄襲對手的 logo，非法引用人家影片，都可能遭對方提告，讓企業因而垮台。

好心借錢給朋友，最後錢拿不回來，自己還變成被告；發生車禍了，如何將傷害減到最低？

面臨如此高壓生活環境，處處佈滿法律陷阱五濁惡世中，如何防衛自我呢？

①著作

- 絕大部分創作品，都受到國家著作權法保護，因而創作文字圖畫或電腦程式，你都須將原始檔案保留完整。（特別是產出的時間點），以備日後驗證之用。
- 若發現自己作品遭剽竊，或對方大方將你 CD 專輯複製兜售，千萬不要自己單獨向對手要求賠償，反而應該循法律途徑，向保二總隊舉發，或直接向法院遞狀。法院自然會調查，還你公道。
- 如果是出版商也應嚴格遵守與創作者合約期間規定，在合約期滿，自動銷毀庫存，（或賣完第 X 版書籍後，不再加印發行）。

②車禍

- 為避免事故發生，行人白天穿越馬路就須走斑馬線，夜間的話最好要穿白色上衣或螢光線條服裝，讓騎士或開車的人，容易看到你的身影。
- 若不慎路上發生事故，狂罵對方或直接爆發肢體衝突都是難免，然最合宜方式是立刻手機拍錄下現場車子倒下位置，你要多個角度拍之後，把車移開，才不會阻礙交通。萬一受傷無法起身，馬上打 119 請求支援。
- 如果撞傷對方，你自己知道理虧就盡快跟對方和解，賠錢了事，否則容易夜長夢多，造成對方獅子大開口。

- 如果自己受了傷，警方已經做完筆錄，你可直接請求法院裁決，還你公道。切記不要車禍現場叫囂對罵或以三字經損人。
- 如果不慎多飲些酒，不要逞強開車回家，請人送妳回家花費比起發生事故跑法院，慰問受傷家屬，遭對方痛毆痛罵，還得賠償天文數字等等，要來得划算。

③借貸

- 借錢出去時，記得邀拍下對方數錢的照片作為存證；光是要求對方簽下本票或一只借條，錢很難拿回。借條上面須註明歸還日期。
- 如果是用匯款方式，轉帳對方，最好直接到銀行或郵局辦理；在匯款單上註明借錢給對方。
- 借錢給對方收取利息是天經地義的事，惟不能收取超過 18%利息，以免自己犯下重利罪。
- 借錢出去時務必先了解對方有否恆產，有否上班領取固定薪水，否則日後打起官司勝訴，還是無錢可討。
- 如果自己經濟情況糟糕，借錢時被對方要求簽下本票，這時就得考慮清楚日後本票裁定後，接著就會遭強制執行，如扣每月薪資所得三分之一，或家當遭法院查封拍賣。
- 一般而言，跟銀行借款雖然利息低，但手續繁雜，審核更嚴苛，而民間小額借貸雖不需擔保品，但利息比起銀行要高，借貸時，

務必衡量未來還款能力如何，免得短期度過信用難關，卻引來更多後遺症，不能不慎。

- 在提款機提領時，要注意四周是否有人虎視眈眈你的財物。
- 臨櫃提領鉅款時，可要求行員知會警方，派車帶你回家。
- 如果不想讓警方陪同，要走出銀行時也須提防搶劫，避免讓陌生人假裝以問路為由，靠近你。
- 領款時最好有家屬或同事陪同，比較安全。
- 領款時忌諱濃妝豔抹，穿著華麗，以免被歹徒盯上。
- 走出銀行要叫計程車時，也不要搭停在銀行門口的車，因為你拎著大包東西出來，容易被判定提出鉅款；要是碰上見財起意的司機，後果就不堪設想。
- 如果安全搭上小黃，仍應注意後頭是否有車跟蹤著。
- 不要用家人或自己出生年月日，或車牌號碼當提款卡密碼，應該每隔三個月或半年就更新一次，比較能確保安全。

④婚姻

- 如果透過仲介公司尋找外籍新娘時，最容易發生爭議地方就是掛羊頭賣狗肉；明明都選好照片或影片上心儀的對象，等飛到印尼或越南時，在飯店仲介公司突然告知原先選的對象，因有事出國，或被別人捷足先登了。這時，你別無選擇，只能現場挑選別的對象。有鑑於此，你可在合約上註明，若在台挑選對象跟實際

看到不相同時，有權要求退費。來保護自己權益。

- 隨著生活壓力與日俱增，攸關家暴事件也愈來愈多，情節輕者，可能被打傷，嚴重者可能寶貴生命就這樣被終結了。要預防家暴發生，可從婚前交往當中，分別以打牌跟飲酒這兩項來觀察。意即，打牌牌品不好，或酒後失態到令人害怕情形，多半日後會是主動施暴者不能不提防。

- 一旦家暴發生後，其次數只會增加不會減少；對於受暴者而言真的是一種煎熬，如果向法院申請保護令，時間也冗長（需經過家事庭老師協調經過家事庭法官訊問調查），而且還不一定聲請得下來，就算很辛苦拿到保護令後，還是得擔心施暴者突然闖入你住處施暴。而最保險方式，盡可能離施暴者遠遠的（或不讓對方知道你住處，或乾脆換新工作）如果家裡還有小孩要養，有高堂需侍奉，這問題就難解。只好求社會局協助了。切記不能持凶器砍傷對方，或自己想不開，尋求短見，都不是最好解決方式。

- 結婚本來就是喜事一樁，然而聘金也往往成為男女雙方婚姻破局的元凶。如果事前雙方言明聘金多少就多少，不宜隨意再砍，更不能事先說好不收聘金，結果還收下聘金不想歸還男方，這就違反誠實信用原則。如果擔心如是情形發生，那盡可能讓女方提供抵押品，就解決了。如果聯姻第一天就發生這樣不幸事件，試想；往後雙方又如何能同甘共苦經營婚後生活呢？

⑤ ATM

- 出門在外，絕對不要將身份證、行照、駕照、健保卡等有價證件放在一塊兒。萬一金融卡遺失，歹徒會很輕易猜出您的密碼，將您的一生奮鬥心血提領一空。

- 要提領較多金額時，最好有伴站在身邊，或讓他將車停靠在ATM旁，以獲得廣度的監視。

- 一個人提款時，若發現有人在後頭鬼頭鬼腦虎視眈眈著，設法讓自己身體傾斜一邊，好讓對方被ATM上端的錄影機，全程拍下。

- 自ATM提款時不要急著數鈔票，通常ATM吐鈔的張數都是正確的。

- 提領現金盡量利用白天，避免深夜使用它。

- 位在人煙稀少或幽暗巷口的ATM，少用為妙。歹徒隨時會出現。

- 如果您一次提領達十萬元之多，最好開車到ATM的周圍多繞幾次觀察，確定沒有可疑人物再提領。

- 有些上班族習慣一天裡就要將水費電費瓦斯單電信帳單信用卡簽帳費完成轉帳，於是入夜後一個人站在ATM前操作個沒完。如果轉帳單子很多，容易被歹徒趁虛而入。白天轉帳會安全許多。

- 提完錢，看完交易單無誤後，立刻撕碎，並盡量將錢放在褲、裙子前方「內袋」裡，不要放在手中或夾在腋下。國外調查發現，暫放在內袋者，其被偷、被攻擊的機會比較低。

⑥刷卡

- 刷卡時，目不轉睛地盯住刷卡機、店員、信用卡，以防止店員空刷後冒名消費。
- 簽帳時，避免皮夾打開亮出很多張卡。直接拿出單一張卡會安全些。
- 出門時帶手機，若信用卡掉了，就可在荒郊野外或沒有電話的地方立刻聯絡銀行報遺失，以減少被拿去當犯罪工具的機會。
- 為防止被冒用，申請有晶片裝置的智慧卡，比相片卡、普通卡等安全。
- 不要在電話中（尤其是大哥大、手機）說出信用卡帳號。萬一被香腸族、網友等空中攔截，您就要破財了。
- 再好的朋友也不要隨便將信用卡借對方使用，如果對方不慎弄丟了，後果仍是持卡人要負責的。而且也是違法的行為。
- 過期卡片處理方式：
  1. 截角後，掛號寄回原發卡銀行
  2. 自行銷毀
  3. 自行破壞保管
  4. 如果不這樣處理，萬一被偷，複製成可使用的卡片，那後頭包你有苦頭吃
- 拿到剛發下來的信用卡時，立刻簽上大名，避免他人揀到了隨便簽個名就瞎拚去了。

CHAPTER 11

· 第十一章 ·

房產防禦

在台灣，高樓大廈、豪宅處處高聳；房屋仲介員彼彼可見。有人買了它，幾乎家毀人亡；因為鄰近山坡地，遭土石流給沖毀。有的賣了它，只拿到一成訂金後，房子遭詐騙過戶，投訴無門。若干無殼蝸牛正慶幸租到 cp 值高的套房，卻驚然發現它是事故屋…而價格不斐不動產在買屋賣屋或租屋時，如何做好防禦工作？

① 租屋

- 如果租金特別便宜，就須小心；多半是曾經出過事故，房東才會賤價拋租。

- 在支付訂金時，要特別留意，如事後反悔；租客是拿不回來任何一毛錢。

- 要觀察電梯是否已經龜速，或老態龍鍾？一旦發生事故想外逃時，可能就無法安全脫身。

- 套房或雅房如果是在樓層最後一間，同樣在發生事故時，比較難快速逃離現場。

- 注意樓梯間如果髒亂，塞滿東西，最好不要承租。

- 如果發現出入分子混雜，可能你的東西會被偷，可能夜晚鄰房喧嘩聲，難以讓你睡得香甜。

- 格局不方正或呈三角形，或一進去就明顯感覺傾斜，那就應避免住進。

- 承租前須看過房東提示的權狀，之後你還須上網查核權狀人是不是他本人（否則會有很多後遺症）。

- 消耗品像是燈泡或門鎖或像家電如果故障，冷氣不冷…等等情況，修繕費用是如何，這些最好能載明在合約上頭，避免日後發生爭議。

- 如果是房東的話就需準備滅火器。以備不時之需。

- 房東所提供房間動線，要以能安全逃生為大前提。

- 房東需查核租客確實身分，可能對方是通緝犯，也可能是逃逸外勞或非法工作，逾期居留外國人。
- 如租客突然付不出房租，房東依法是不能趕他出門（除非已經欠繳兩個月租金），更不能無故闖入租客房間，或直接丟包他東西。

②買屋

- 避免買高樓層，一旦發生危急，部分消防車雲梯無法到達高樓層施救。
- 即使房子有傾斜，賣家也會推說無立即危險，這時最好方式找鑑定工會來測量，再決定是否購買（要扶正房屋，即使是小小傾斜，可是大工程一件）。
- 如果查看標的物附近有高樓正在蓋，就可能會有損鄰情況發生，房子牆壁或地板，就可能會出現龜裂，必然危及生命安全。
- 如果發現住家牆壁地板或樑柱裂開現象，而住家附近剛好有工地在蓋大樓，很可能就是受到挖深地基影響，這時你單獨一人找建商理論，是得不到結果的。你必須聯合好幾家同樣受到波及人家，請律師向建商提出索賠。律師訴訟費可由大家共同分攤，或是先跟律師取得協定，以實際拿到賠償金額的多少百分比做為委任律師酬勞。
- 購買房產時偶也會出現『借名登記』（借名契約）情況。也就是說，原本實際出資購買者，將權狀上權利人登記為他人，自己反

而不具名），這樣方式雖然合法，不過將來一旦發生出名人意圖侵占時，原來出資實際權利人，麻煩就來了。必須向法院提出訴訟；拿到最終裁定書後，才能拿回應有權利。訴訟期間相當冗長，需支付給法院裁判費，都是一筆龐大開銷。（以 2000 萬房產為例，就需支付法院約 17 萬餘元），萬一官司打到三審或是高等法院；所需支付給律師委任訴訟費與法院裁判費恐怕都會是一大筆開銷。遺憾的是，一旦提起訴訟，借名人多半因自己所應準備證物不夠齊全，反而變凶多吉少。很難要回應有的權利；不能不慎。

- 如果發現要買的房屋其售價便宜到令你心動不已，這時還是別急著下訂金，可能它就是事故屋或凶宅。是不是真的凶宅，只需經過上網，將標的物正確地址輸入 google 搜尋後，很快就得到答案。

- 或輸入事故屋、台灣凶宅關鍵字，同樣都能發現標的物真正身分為何。如果你跑去當地警局詢問，可能都會敗興而返，因為沒有任何法條，可規範警察必須提供你所要問的相關資料。

- 如果你是主內弟兄姊妹，想買來自住，那問題簡單多了，只需請教會牧師跟弟兄姊妹，到新家做潔淨跟祈福的禱告，就無礙了。不過日後想脫手轉賣他人時，原先的「記載」是否一定會經過「漂白」，讓記載跟著消失，那就難說了。

- 其實目前房產託售合約裡都會加註：是否曾為事故屋或凶宅事項；如果購買者確實在事前完全不知情前提下買到事故屋，事後

向房仲員反映要求退還所有款項遭拒，而轉向法院提告時，有時還不見得能討回公道。

- 法官反而會問原告說：你說是凶宅，那你看到了不該看東西嗎？你因買了它讓你因而身心受創，那你可否舉證（提出證物）出來？結果買方原本就因買錯屋變成受害者，現在又碰到這棘手問題，拿不出任何實證，變成無處申冤了。所以決定要買事故屋自住或投資轉賣，就得更精打細算了。

- 更重要的，凶宅這名詞在法條中，不存在的。沒有法條依據想求償，難上加難。

- 購屋者除要避開事故屋地雷外，也須提防租客老是賴者不走情況發生。也就是說房產過戶交易中，仍有原來租客住在裡面，根據買賣不破租賃江湖規矩，房客除非租約到期自動搬走，否則買方賣方都非常難令其立刻遷出。只要租客正常繳水電瓦斯與管理費，就算積欠房租許久，買賣雙方也找警察過來處理，還是非常難將租客請出去。

③監宣（禁治產悲哀）

- 以目前台灣家事法庭針對監宣（監護宣告）裁定結果，對於是監護宣告者房產未來命運，會產生很巨大影響。比方有長者因重度失智後，其兒女等都可經由聲請禁治產，將長者名下房子予以結凍；讓法院裁決不能任意買賣，如要買賣還得經過極為繁雜訴訟

過程，才有望透過安置計畫聲請，解凍；而順利出售房產。由於
法律如此規定，自然容易造成家族內鬨，變成爭奪遺產，大家為
利益告來告去不幸後果。

· 有鑑於此，針對家族中貪婪者虎視眈眈舉動，就必須提出預防；
特別是其中若還有借長者掛名房產權利人情形，原實質權利人
（借名人）很可能遭到其他家族成員抗告（指貪婪家產者），不
幸陷入長期保衛家園訴訟；耗盡自己甚多資源，不能不慎。

CHAPTER 12

· 第十二章 ·

醫療防禦

我們健康情形就跟轎車一樣，全新時候，開起來得心應手，開了幾年後，不是離合器壞，就是排氣管破裂等等，只好進廠修理了。同樣地，我們一旦上了年紀，健康就會有問題，難免會因胃痛劇烈，或不慎摔倒，或發高燒等等諸多狀況，開始跑急診…。

在醫療過程中，又應如何做好防禦工作呢？

①急診

- 醫院裡冷氣都非常強，需事先準備厚衣物在那邊穿，才不會凍僵。

- 幾乎所有藥物都有副作用，吃過藥物就不要開車，避免發生嗜睡或暈眩而發生事故。

- 在急診處病患家屬被院方要求對病患做侵入性治療情形屢見不鮮，然對病患而言，往往會因傷口為院方處理不完善，就會造成更嚴重感染；須住院治療。關於此點，須有心理準備。

- 為防止事故發生過於突然，平常就應在電話機旁寫好 119 求救號碼免得在關鍵時刻慌張，突然忘記要打哪裡叫救護車。

- 急診室內，病患自己或家屬往往會因一下子做心電圖檢查，一下子做電腦斷層等等，手忙腳亂。容易弄丟健保卡，或不慎讓大鈔掉落，有鑑於此，事先全放入安全小包包才不礙事。

- 就算病患情況已經十分危急家屬也不能對護理人員或醫師言詞辱罵甚至施暴。甚至毀損醫院裡照護器材等等。

- 通常急診病患做接受成套抽血驗尿，超音波或 X 光；心電圖檢測如果沒問題，值班醫師很可能叫你回家休息；不需繼續留院觀察然而這規則你不需遵守；特別是長者病情分秒都變化很快，可能前幾秒血糖數值正常，卻也可能不到一分鐘時間，血糖飆高 500 以上；也可能血氧剛剛為 95，一下子又降到 85；總而言之，長者急診同時，寧可自我管理，多些時間觀察再帶他回家比較安

全。免得返家後，病又發作，那處理起來就更勞民傷財。

- 一般來說，在沒正式被安排入病房前，所有病患都需在急診處（觀察室）停留與睡覺，為了培養好體力陪伴家人，就得多喝水，補充營養，才能做好長期抗戰準備。

②住院

- 關於抽痰管子的尺寸大小，往往會因使用不對，造成病患出血感染；如在家裡用的是12號，卻不慎在醫院拿到14號管子去抽痰，就容易延伸更多後遺症。
- 病患住院時，有些家屬自己下來輪流照顧，有些則雇用外勞全天照護；雇主須常常手機監控外勞是否認真照顧還是拼命找同伴聊天結果，讓病患痰堵住，或吃了不對的藥物；造成無可挽回後果。
- 如果病患需要開刀時，家屬就須注意開刀部位是否正確。曾有婦人要開左腳膝關節，結果護理師竟然將記號畫在她右腳上，後來家屬發現，才沒釀成悲劇。
- 住院當中負責照護的家屬當然辛苦，也因疲憊關係，在如廁或沐浴或陪病患下樓做檢查時，沒有將錢包手機帶進浴室內，就這樣破財。
- 家屬自己須有心理準備，如果想全心全力照護失智重症者，一年至少需要約1000萬元（包含看護費與住院費與營養補給品，跟加護病房治療費等）。

- 如果對於院方護理師的服務態度感到很氣憤，切忌暴力相向。應
  該透過申訴管道，向院長或護理長提出申訴，才是聰明的選擇。

結語

　　許多人常抱持著一種旁觀者的心態，認為倒楣的事情，不會發生在自己的身上，況且，自己又不是有錢的人家，歹徒豈會看上呢？

　　其實不然，許多犯罪事件的產生，多半是被害者的疏忽、大意，方讓歹徒伺機而入，也有部分的不法分子犯罪起因是臨時起意，甚至有些宵小只是純粹為逞一時之快罷了。

　　由此知，現代的惡徒已不僅僅專對富豪人士下手，連一般無辜者也不放過。況且，有錢人家會裝設精密的保全系統，甚至僱用數名保鏢保護四周居家安全。

　　然而，平凡百姓的安全，就只能靠自己平時多注意防範了。

　　因此，懂得防禦自我的安全，已非是杞人憂天的事，反而是現代人應有的常識，本書教您如何隨時在日常生活的細節上留意，杜絕犯罪的肇因，加強家人的危機意識，讓每個人即使面臨危機時，都能泰然應變之，讓歹徒無機可趁之處，將損失減少到最小。

　　「生於憂患，死於安樂」，平時保有危機意識，讓防禦工作成為平日的好習慣，當有一天，不幸地與歹徒面對面時，所有的人就

不會有措手不及的遺憾，因此，與其讓遺憾一再發生，不如現在就立即做好防禦的公作，避免悲劇一再重演。

　　你我一起加油囉！

放 100 個心 - 加強版

- **門鎖非萬能**

  再高檔的門鎖也有它的灶門所在，對一些高端開鎖竊賊而言，要破壞它絕非難事，有鑑於此，無論你差旅國外或居家時，還是要小心提高警覺，時時刻刻注意是否有宵小或歹徒入侵。

- **衛生紙防衛**

  特別是妳住進旅店時，記得馬上拿衛生紙揉成一小小團，塞進門縫中。如果你少了這個動作，很可能歹徒會從門外鎖縫中，窺知房內狀況，伺機下手洗劫財物。

- **打卡有禁忌**

  通常我們外出旅遊時，看到漂亮風景都會情不自禁拿起手機拍照打卡上傳社群媒體，殊不知這樣舉動在網路媒體曝光後，容易成為歹徒下手目標，歹徒知道你全家在外旅遊，他當然更放心侵入府上，大肆搜刮。

- **關掉照相機**

  盡可能將手機或電腦裡的相機功能關掉（需使用時再打開），

在網路犯罪盛行時代，很可能在沒關掉 camera 情況下，你的隱私容易暴露在駭客雙眼中，一旦遭入侵，後果當然嚴重，一些惡意軟體更可以自行激活你原本關掉的麥克風，讓你的隱私蕩然無存。

• 對不起打錯

唐小姐嗎，請問白先生在家嗎？諸如此類打錯電話烏龍事件，每天都會在我們生活當中上演，其實這類型騷擾探路計倆，多半是歹徒試探你是否在家或外出，或有些是針對套取妳個資而來；碰到這類型騷擾，一律掛斷電話，不須浪費時間跟他繼續對話，免得一些重要資料被套出。

• 燭光會礙事

在暴風雨肆虐夜晚，萬一真的停電了，千萬別點蠟燭取光。萬一暴風不慎破窗而入，或家裡毛小孩弄翻點燃中蠟燭，非常容易引起災害。最保險方式，打開手機手電筒 app 或以一般手握式探照燈來取光會更安全。

• 山神說 No 時

成功攻頂台灣百岳或披星載月，揹著數十公斤行囊，長征標高 8850 公尺的聖母峰是全球山友心願。常常登山健走的確不失為維持

健康好方法。話雖如此，也千萬不要想登山就登山，那些曾經成功攀登聖母峰的登山好手在行前，都會自行做體能訓練半年，在準備妥當（包括心靈建設）後才會開始遠征。攀登高山若缺乏行前暖身功夫，貿然就向山神挑戰，那容易造成遺憾，甚至賠上生命。

- **稱霸聖母峰**

固然kamirita卡米立塔這位尼泊爾登山嚮導，創下了共24次（屆2020年為止）成功征服聖母峰的世界紀錄，畢竟他只能算是奇人。一般人體能跟耐力，高山峻寒危機處理能力，或行前功課做得不夠扎實，或運氣欠佳，碰上大雪崩…等等意外事件，都容易讓山友發生壯志未酬身先亡的憾事。攀登台灣百岳心境也是一樣的，不要一時興起，連最基本的山況都一知半解情況下，貿然攀登，很容易因高山天氣驟變、巨石崩落、高原反應等等因素，演出一失足成千古恨悲劇。不能不慎。

- **電梯防暴法**

特別是單身女子進電梯後，發現又有另位陌生男子也跟進，而電梯內又無第三者在場時，妳最好馬上走出電梯，改搭另一台，避免落單遭到攻擊或性侵。

● **修繕不給鎖**

　　通常家裡有水管破裂或牆壁龜裂或想重新隔間裝潢時，總是會找師父來修繕；千萬不要將家裡鑰匙整把交給師傅讓他自由出入。要是碰上一些已經有財務黑洞師傅，府上可能就會遭到池魚之殃。切記切記。

● **代泊車危險**

　　通常我們上餐廳大快朵頤時，很自然會將愛車交託給泊車小弟去 parking，如果餐廳附近剛好有鑰匙拷貝店，如果小弟心懷不軌，趁工作空檔，跑去複製鑰匙，在數日後找到你公司停車場，將車開走；那你可虧大了。（通常複製一把鑰匙時間不過三或五分鐘而已）為避免如是情況發生，最好自行搭小黃前往，或乾脆自己多花時間，將愛車停在一個更安全地方。

● **夜歸女防暴**

　　如果妳上小夜班完，準備回家休息時，身上必須準備好辣椒水，隨身警報器等，萬一歹徒從暗巷衝出要搶奪財物或施暴時，妳必須冷靜對應，妳大可使出最大力量，用高跟鞋腳跟狠狠朝歹徒膝蓋部位或他下體重要部位踹過去，配合著辣椒水噴向歹徒臉部，並盡快一邊拔腿逃離現場，一邊打開警報器，引起附近路人注意來幫妳脫困。

- **皮包乾脆送**

　　妳也可採取包包大方送策略來保護自己生命。會在路上搶奪財物歹徒多半財物到手後，他開溜的比妳還快。換句話說，如果被搶了，妳無需跟他拉扯，包包財物就當作禮物送他；要是當場拉扯不清，歹徒一旦情緒失控，很可能拿出凶器一陣亂捅，那後果就不堪設想。

- **青藏天路險**

　　這條全長達 1956 公里，總行車時間約 22 小時（從西寧道終點站拉薩）的青藏高原鐵路，其沿途高海拔（多地段位於 3000 公尺以上高原峻嶺）風光，不知迷死多少旅人前往觀光。不過在你確定前往時，仍須注意自己身體狀況，如果自己曾經有登山出現高原反應讀者，一定要備妥相關藥物再出發，避免上了車有突發狀況，就可能非常難處理。雖然列車上備有先進的供氧系統，可解決旅客發生呼吸困難險境，不過若有慢性疾病者，出發前最好還是諮詢一下醫師，備齊該有藥物才是上上之策。

- **見鯊勿須怕**

　　一般人對於深海鯊魚總是抱著敬鬼神而遠之心態，一旦深潛遇上牠，會嚇得不知所措，其實鯊魚對於人血的反應沒有想像中那麼

激烈（沒多大興趣），話雖如此，你在下海前，還是要對當地鯊魚的種類有哪幾種，做好功課，如果附近剛好有凶性較殘暴，喜歡攻擊者，就要特別提防。平常的話，如果牠剛好與你擦身而過，或繞著你沒有離去意思，你必須跟他來個雙眼對瞪，想像自己也是海中獵食者模樣，鯊魚看到你也是獵食者模樣，就不會得寸進尺，想對你侵犯。碰到牠靠近時，絕對不要驚聲尖叫，以免驚動牠攻擊意念。

● **深潛衣學問**

深海鯊魚跟陸地上鬥牛一樣都有著厭惡色系，後者見到紅色都會立刻攻擊；鯊魚對於像是白色黃色或螢光色系的潛水衣，非常敏感；有鑑於此，能穿上深藍或全黑潛水衣，是比較安全的。

● **肢體在說話**

鯊魚的肢體語言其實也是潛水者判斷處境是否安全的指標之一。如果牠發現你闖入地盤，或牠的胸鰭朝下擺動不停，那就是準備發動攻擊。碰到這樣狀況，你必須快閃，或趕緊浮出海面爬上船。

● **美食陷阱多**

每天只要打開電視或觀看 youtube 影片，很多地方小吃、異國珍饈資訊，在一些網紅網美狂吃狂飲畫面中，會讓你看得口水直淌，

恨不得也能立刻驅車前往跟著大快朵頤。然而他們所示範狂吃動作，其實是為了增加節目效果而來。一般人絕對不要模仿。如果你一天內吃完豬腳又吃勾芡類海鮮大餐然後又來杯手搖飲，一天下來所攝取熱量或鈉或糖分很快就破表，如果你這樣連續吃個幾天，容易導致膽固醇或血糖升高後果，不能不慎。

- **港邊有禁區**

    當你搭的郵輪停靠在異國港口時，很自然地你會想到附近商店餐廳逛逛，然而事前你沒先做功課的話，不甚闖入當地禁區（有武裝兵力戒備或是扒手特多等容易惹事生非區域），想全身而退恐怕很難。

- **下船帶多少**

    一旦下了船，身上不要珠光寶氣打扮，錢包帶點錢就好，帶多的話，容易被洗劫一空。

- **慢跑改路徑**

    有每天慢跑運動者最好能改變一成不變路徑，目的在於防止歹徒輕易鎖定目標，趁你外出時，進入家裡行竊。如果你有跟小孩一起慢跑習慣的話，也須提防小孩變成歹徒勒索目標。

- **搭便車免啦**

　　無論你是開車者或落單女子想在路邊搭便車，其風險都滿大，任何一方若亮出凶器，都會造成傷害；還是謹慎點，才是明哲保身之道。

- **上大巴坐哪**

　　一旦搭上大巴士後，能坐在司機後面位置是比較安全的，因為他容易知道你是否遭到侵犯或遭受暴力攻擊。他可以就近協助你脫困。如果你離他遠一些，可能會有遠水救不了近火遺憾。

- **地震保命法**

　　平常睡覺時，就需先準備好手電筒跟頭盔，當感覺天搖地動時，立刻戴上頭盔避免遭重物落擊。很可能接著整個社區大樓會停電，這時手電筒立刻派上用場。如果身旁沒頭盔，雙手抱起枕頭，也可保護頭部。並同時在家人房間門口大聲叫醒他們，提高警覺。

- **全拔掉插頭**

　　在千鈞一髮時刻，最好能迅速拔掉電器插頭，避免發生短路走火重災發生。

● 重物的逆思

盡可能在平時將重物,至放在地上就好;如果你為了節省空間,把它們堆放冰箱或櫃子上,在地牛大翻身時,重物容易墜落,傷及家人。

● 到底要躲哪

大地震發生時,盡可能先往牢固桌底下鑽,不要急著搭電梯脫逃;因為地牛發飆時,停電的機率很高,你一但進了電梯,可能會變成動彈不得,被關在電梯哩,求救無門。

● 桌底外避哪

在天搖地動危急時刻,不要靠在書櫃或衣櫃或窗戶旁,大櫃子容易倒下,玻璃窗戶也可能爆裂,碎玻璃紛飛非常危險。

● 室外保命法

地震來臨時如果你正開車,你應立刻靠邊停車,不要步出車外,避免遭不明物體砸傷。如果你沒開車,也應立即往空曠地帶避難。

總結

　　書中近 1000 則聰明防暴、阻斷性侵、斷開被詐轄制……等方法，如果全家人都能牢記防範，生命就像穿戴了金鐘罩鐵布衫，每天都能安心過日。

　　您再也不需常常問蒼天，為何不幸，災難頻頻臨到？
　　所謂【天助自助者，求人不如先求自己】，不是嗎？
　　祈福全世界 78 億人口，個個都能平安過日，出入蒙福。

附錄

＊火場逃生訣竅

- 初發現火警時，先判斷火勢來源，再決定逃生方向。
- 火場逃生避難，成敗於分秒之間，萬萬不可猶豫。
- 冷靜為逃生不二法門，切忌慌亂驚叫，應力求鎮定，才能找到安全出口逃生。
- 絕不可朝衣櫥或床底躲藏。

火警發生後

- 開門逃離室內，應先觸摸門板及把手，如感覺門板相當熱，切勿開門，以防止門外火焰竄入，並迅速找尋另一條安全出口逃生。
- 如火勢已逼近，無法逃生，先把房門關上，但別上鎖，以預留退路；不要使用電梯。如被困電梯，應按緊急報警按鈕，使控制中心知道有人被困而派員搶救。
- 如需通過火焰區，應迅速將衣服用水浸濕，或以濕棉被毛毯裹住身體衝出。

防濃煙侵襲

- 如身旁有塑膠袋，應立即將其充氣，套住頭部逃生。
- 如被濃煙所阻，應以濕毛巾掩住口鼻，取低姿勢沿牆角逃生。
- 濃煙的上升速度較人之上樓速度快，故火警時應儘可能向地面逃生。
- 濃煙滿佈時，離地二十公分處及樓梯梯角間，有殘存空氣，應儘量將身體壓低，採取低姿勢爬行。
- 如向下逃生通路已為火勢阻斷，應立即設法向屋頂平台逃生，靜待消防人員搶救，切勿冒險自高樓跳下。

＊防震要領

地震前

- 平常家裡應備有乾電池、收音機、手電筒及急救藥箱，並使每個家人都知道這些東西所儲放的地方，了解急救方法。
- 知道家裡瓦斯、自來水以及電源安全開關的位置，並使家裡每一個人知道如何關閉。重物不要置於高架上。將笨重家具栓牢。

地震時

- 在室內，要躲在堅固的家具底下。
- 不要搭乘電梯。
- 在室外，要遠離電源或有掉落物的地方。
- 靠支柱站立。
- 保持鎮靜，不要慌張，迅速關閉電源開關，熄滅火源。
- 如在室內，切勿慌慌張張跑到室外，如在室外，請待在室外，許多傷害的發生是地震時人們逃離或闖進建築物所致。
- 不要使用蠟燭、火柴或其他的用火，以免瓦斯洩漏時，發生爆炸。
- 如在行駛中的車輛內，勿緊急剎車，注意前後左右所發生的情況，減低車速，將車靠邊停放，並留在車內直至震動停止。

地震後

- 查看周圍的人是否受傷，如有必要，予以急救。
- 檢查水、電、瓦斯管線有無損害，如發現有損，將所有門、窗打開，立即離開並向有關權責單位報告。

（資料來源：消防局）

全球 14 個扒手猖獗的都市

1.	巴塞隆納 Barcelona，西班牙
2.	羅馬 Rome
3.	巴黎 Paris，法國
4.	馬德里 Madrid，西班牙
5.	雅典 Athens，希臘
6.	布拉格 Prague，捷克
7.	科斯達布蘭加 Costa Blanca，西班牙
8.	里斯本 Lisbon，葡萄牙
9.	特內里費島 Tenerife，西班牙
10.	倫敦 London
11.	佛羅倫斯 Florence 義大利
12.	布宜諾斯艾利斯 BuenosAires，阿根廷
13.	阿姆斯特丹 Amsterdam，荷蘭
14.	河內 Hanoi，越南

註：光是西班牙就有四個城市上榜。

全球 31 國家犯罪指數表

國度	犯罪指數	人口 /2021 年
委內瑞拉 Venezuela	84.36	28,704,954
巴布亞新幾內亞 Papua New Guinea	80.04	9,119,010
南非 South Africa	77.29	60,041,994
阿富汗 Afghanistan	76.97	39,835,428
宏都拉斯 Honduras	76.65	10,062,991
千里達及托巴哥 Trinidad And Tobago	72.43	1,403,375
巴西 Brazil	68.31	213,993,437
圭亞那 Guyana	68.15	790,326
薩爾瓦多 El Salvador	67.84	6,518,499
敘利亞 Syria	67.42	18,275,702
牙買加 Jamaica	67.2	2,973,463
納米比亞 Namibia	66.12	2,587,344
安哥拉 Angola	65.74	33,933,610
祕魯 Peru	65.65	33,359,418
波多黎各 Puerto Rico	64.75	2,828,255
孟加拉 Bangladesh	63.82	166,303,498
尼日利亞 Nigeria	63.27	211,400,708
巴哈馬 Bahamas	62.74	396,913

利比亞 Libya	62.27	6,958,532
阿根廷 Argentina	62.26	45,605,826
肯亞 Kenya	61.73	54,985,698
多明尼加 Dominican Republic	61.04	10,953,703
斐濟 Fiji	59.57	902,906
辛巴威 Zimbabwe	58.86	15,092,171
關達美拉 Guatemala	58.59	18,249,860
馬來西亞 Malaysia	58.55	32,776,194
坦桑尼亞 Tanzania	57.8	61,498,437
外蒙 Mongolia	57.47	3,329,289
烏干達 Uganda	56.14	47,123,531
玻利維亞 Bolivia	56.13	11,832,940
台灣	15.28	約 2,353 萬人（2021 年 3 月底）

（資料來源：Worldpopulationreview.com）

全球 top30 犯罪指數高的城市

	城市名稱	國家
1.	卡拉卡斯	委內瑞拉
2.	波特莫瑞斯比	巴布亞 新幾內亞
3.	彼特瑪麗茲堡	南非
4.	普瑞托里亞	南非
5.	杜爾班	南非
6.	約翰尼斯堡	南非
7.	聖彼特洛斯拉	宏都拉斯
8.	里約熱內盧	巴西
9.	雷西福	巴西
10.	薩爾瓦多	巴西
11.	伊莉莎白港	南非
12.	波爾多阿列格列	巴西
13.	卡布爾	阿富汗
14.	西班牙港	托巴哥
15.	孟非斯	美國
16.	巴爾第摩	美國
17.	開普敦	南非
18.	底特律	美國

19.	聖薩爾瓦多	薩爾瓦多
20.	偉恩霍克	納比亞
21.	聖保羅	巴西
22.	阿爾布煒克	美國
23.	聖裘安	波多黎各
24.	聖路易	美國
25.	利馬	祕魯
26.	羅薩里歐	阿根廷
27.	墨西哥市	墨西哥
28.	金斯頓	牙買加
29.	阿馬提	哈薩克斯坦
30.	崁坤納斯	巴西

國家圖書館出版品預行編目（CIP）資料

多一分小心，多一份安心 / 周紹賢著. -- 一版. -- 新北市：
優品文化，2021.05；192 面；15x21 公分（Life Style；02）
ISBN 978-986-5481-05-6（平裝）

1. 犯罪防制 2. 安全教育

548.56   110006619

Life Style 02

多一分小心，多一份安心

850+ 則讓您每天有『絕對安全感』的定律

作　　　者	周紹賢（品牌醫生）
總 編 輯	薛永年
美 術 總 監	馬慧琪
文 字 編 輯	董書宜
美 術 編 輯	黃頌哲

出 版 者　　優品文化事業有限公司
　　　　　　地址：新北市新莊區化成路 293 巷 32 號
　　　　　　電話：(02) 8521-2523 / 傳眞：(02) 8521-6206
　　　　　　信箱：8521service@gmail.com
　　　　　　（如有任何疑問請聯絡此信箱洽詢）

印　　　刷　　鴻嘉彩藝印刷股份有限公司

業 務 副 總　林啓瑞 0988-558-575

總 經 銷　　大和書報圖書股份有限公司
　　　　　　地址：新北市新莊區五工五路 2 號
　　　　　　電話：(02) 8990-2588 / 傳眞：(02) 2299-7900
　　　　　　網路書店：www.books.com.tw 博客來網路書店

出 版 日 期　2021 年 05 月
版　　　次　一版一刷
定　　　價　220 元

上優好書網

FB 粉絲專頁